K E N N Y O I S M A I L

Mestre Instalado

Desmistificando a Maçonaria

São Paulo
2012

UNIVERSO DOS LIVROS

Diretor editorial
Luis Matos

Editora-assistente
Carolina Evangelista

Assistentes editoriais
Bóris Fatigati
Raíça Augusto
Raquel Nakasone

Preparação
Erika Sá

Revisão
Fabiana Chiotolli

Arte
Francine C. Silva
Karine Barbosa

Ilustrações
João Guilherme C. Ribeiro

Capa
Marcos Mazzei

Dados Internacionais de Catalogação na Publicação (CIP)
(Câmara Brasileira do Livro, SP, Brasil)

I83d Ismail, Kennyo..

Desmistificando a Maçonaria / Kennyo Ismail. – São Paulo: Universo dos Livros, 2012.

128 p.

ISBN 978-85-7930-345-6

l. Maçonaria. 2. História. 3. Sociedades secretas. I. Título.

CDD 366.1

Universo dos Livros Editora Ltda.
Rua do Bosque, 1589 • 6º andar • Bloco 2 • Conj. 603/606
Barra Funda • CEP 01136-001 • São Paulo • SP
Telefone/Fax: (11) 3392-3336
www.universodoslivros.com.br
e-mail: editor@universodoslivros.com.br
Siga-nos no Twitter: @univdoslivros

Sumário

Dedico este livro ao Irmão Aprígio Furtado de Oliveira Primo, mais conhecido como "Irmão Camarada", o grande responsável pelo meu interesse inicial pela Sublime Ordem Maçônica.

Minha gratidão a Eduardo Ismail, meu eterno incentivador; a Greg Kimberling, que por anos vem sendo tolerante em me dar bons conselhos; a Franssuarlei Moragas, Francisco Chaves Neto e Max Stabile Mendes, irmãos de todas as horas; à Laura Angel, minha companheira e apoiadora; ao Venerável Irmão Geraldo Brito, que acreditou no livro antes de mim mesmo; aos Irmãos João Guilherme da Cruz Ribeiro e Marcelo Del Debbio, que tanto colaboraram para o desenvolvimento desta obra; aos Irmãos da Loja "Flor de Lótus", pelos *feedbacks* constantes; e a todos os leitores do site "No Esquadro".

Introdução

Há um ditado creditado a Goebbels, o lendário Ministro da Propaganda de Adolf Hitler, que diz: "Uma mentira repetida mil vezes torna-se verdade". Não somente Goebbels provou a veracidade do ditado com sua propaganda nazista de massa, a qual convenceu milhões de alemães de inúmeras mentiras, como o ditado vem sendo comprovado por um número incontável de pessoas e instituições ao longo dos anos, que enganam multidões com a repetição desenfreada de falsas verdades. Deve-se também levar em consideração a possibilidade de que talvez Hitler e Goebbels não estavam simplesmente mentindo, e sim repetindo algo que eles realmente acreditavam ser verdade. E, de tanto repetirem, tornou-se verdade para muitos. Mas como outro ditado também ensina, "A verdade tarda, mas não falha", a distorção da verdade em tempo integral levou ambos ao suicídio quando sentiram a brisa da realidade.

Se o século XXI é realmente o "século do conhecimento", então provavelmente a repetição de mentiras seja o "mal do século". A repetição de uma mentira pode ocorrer pelos mais variados motivos: seja para enganar propositalmente outras pessoas, para pregar uma falsa verdade em que se acredita ou mesmo por ter adquirido de uma fonte que deveria ser confiável e passado adiante. O problema é que tais mentiras, repetidas tantas e tantas vezes, se tornam mitos.

A Maçonaria, no entanto, instituição dedicada à busca incessante da verdade, não possui mitos, certo? Errado. A Maçonaria possui mitos, e não são poucos. Eles estão presentes na literatura sobre sua história, sua simbologia, seus termos e expressões, seus ritos e rituais. Afinal de contas, como diz outro ditado popular, "o papel aceita tudo", e, quando se trata de uma fraternidade, é fácil acreditar nas palavras de um Irmão e divulgá-las. E essa presença dos mitos é ainda mais predominante e marcante na literatura maçônica brasileira.

A literatura maçônica brasileira foi basicamente construída de duas diferentes formas: quando não foi baseada em um péssimo referencial teórico, foi realizada sem nenhuma referência bibliográfica. Ao observar as obras dos principais autores, vê-se que parte da literatura foi baseada em fonte não confiável e a outra parte simplesmente não possui fonte, tendo sido criada na base do "achismo". E então esses principais autores serviram de base para a maioria dos demais autores brasileiros, promovendo assim a repetição dos achismos, invenções e falsas verdades. Tais erros, publicados, republicados, copiados e promovidos ao longo dos anos por milhares de maçons e Lojas, se tornaram "verdades". São os mitos, que com o passar dos anos não somente sobrevivem como também se fortalecem, pois, apesar de não serem verdades, vão ganhando ainda mais credibilidade entre os maçons a cada nova publicação.

Ora, o que diferencia a Maçonaria de outras instituições não são seus símbolos, mas os significados destes. Um símbolo pode ser comum a várias instituições de diferentes povos, culturas, épocas e entidades, mas seu significado pode ser diferente e até mesmo conflitante em cada uma dessas. Assim sendo, quando se trata do pentagrama na Maçonaria, não importa o seu significado para os vikings, para uma tribo nativa norte-americana ou para uma bruxa wicca. Assim como não importa se o nome "Gargamel" dos Smurfs começa com "G". Isso nada tem a ver com Maçonaria. A Maçonaria tem sua própria simbologia e, portanto, não precisa pegar a de ninguém emprestada.

Você pode estar pensando: e o que a literatura maçônica brasileira tem com isso? Faça o seguinte: pegue alguns livros dos dois principais autores brasileiros de Maçonaria e olhe a bibliografia. Um dos mais famosos, com mais de 40 livros publicados, não informa na maioria de seus livros a bibliografia, muitas vezes por não ter utilizado nenhuma como fonte, escrevendo o que pensa, ou melhor, o que "acha". Outro, com mais de 60 livros publicados, tido como grande pesquisador, sempre informa sua rica bibliografia, sendo que mais de 3/4 dela é francesa.

A literatura maçônica francesa é o melhor exemplo de "péssimo referencial teórico" e "fonte não confiável" comentado anteriormente. No século XVIII e XIX, a França foi o palco principal do esoterismo no mundo. Ordens rosa-cruzes, templárias, herméticas e cabalísticas brotavam aos montes e junto delas uma inundação de suas literaturas tomava a sociedade. E é claro que isso impactou diretamente e influenciou profundamente a Maçonaria francesa. Além disso, o histórico desprezo velado entre franceses e ingleses, agravado pelo rompimento entre a Grande Loja Unida da Inglaterra (GLUI) e o Grande Oriente da França no início do século XIX, fez com que a Maçonaria francesa, rejeitando a literatura maçônica histórica da época (de predominância anglo-saxã), começasse a inventar sua própria literatura. A literatura de seitas, escolas e outras ordens, além de autores como Eliphas Levi, Agrippa, Stanislas de Guaita, Péladan e Papus, que pouco ou nada tem com a Maçonaria, começaram a servir de base para literatura maçônica francesa, que não parava de crescer. Mais uma vez, a repetição do que não é verdade cria infinitos mitos, os quais se propagam no solo fértil e carente da Maçonaria do Brasil. Não julguemos os autores brasileiros que cometeram os erros de inventar, dotar os símbolos maçônicos de significados não maçônicos e pregar mitos pensando serem verdades. Até Albert Mackey, um dos maiores eruditos de Maçonaria e autor da mais conhecida e respeitada *Enciclopédia Maçônica*, cometeu tal erro. O Irmão Mackey também teve a literatura francesa como fonte de suas primeiras obras. A diferença é que, assim que teve acesso a literaturas mais fidedignas, tratou de corrigir o erro em suas obras subsequentes, portanto, a Maçonaria brasileira também pode corrigir esse erro.

Enfim, esta obra tem como objetivo derrubar mitos presentes em vários símbolos, termos e conceitos da Maçonaria brasileira. Não há a pretensão de divulgar "verdades absolutas" ou mesmo de encerrar o assunto nos tópicos abordados, mas de apresentar entendimentos baseados em estudos e pesquisas sérias, promovendo assim a reflexão dos Irmãos. Encerrando este livro, há um capítulo extra desmistificando dois fatos referentes aos primeiros anos da Maçonaria no Brasil e sua participação na história do país.

Grande parte do conteúdo deste livro tem por base textos publicados no site "No Esquadro", cujo endereço eletrônico é www.noesquadro.com.br. Esse site foi criado com a intenção de, semanalmente, trazer um desses assuntos à tona de forma clara e objetiva, e muitos dos textos contidos nele foram republicados em outros sites, revistas e periódicos de vários países.

Se a aberração de ontem é a tradição de hoje, está mais do que na hora de conhecer a tradição de anteontem, infelizmente esquecida ontem, mas que pode ser resgatada hoje e respeitada amanhã.

KENNYO ISMAIL

1 Desmistificando Símbolos

Os símbolos formam a base didática não somente da Ordem Maçônica, mas de toda a humanidade. Um símbolo transmite uma mensagem por meio de sua imagem, sendo que essa mensagem pode ser simples ou complexa, óbvia ou oculta, universal ou regional.

Símbolos universais têm a capacidade de proporcionar o mesmo entendimento a pessoas de diferentes línguas, culturas, crenças e raças. Os símbolos maçônicos, em teoria, transmitem mensagens ocultas, universais, e que podem ser simples ou complexas. Ocultas porque apenas aqueles escolhidos podem compreender, e universais porque todos os escolhidos compreendem, independentemente de suas línguas, culturas, crenças e raças.

Porém, ao longo da história, muitos autores maçons têm permitido que suas línguas, culturas, crenças e raças influenciem em suas interpretações dos símbolos maçônicos, criando a partir daí novos significados e permitindo assim que o entendimento universal entre os maçons venha sendo substituído por entendimentos regionais. Neste capítulo, alguns dos símbolos vítimas desse processo serão apresentados e mais bem compreendidos.

O Bode

Todos já ouviram falar de alguma história relacionando um bode preto com a Maçonaria. As histórias geralmente são de que você precisa montar em um bode preto para se iniciar, ou que o Deus da Maçonaria é um bode preto.

Para explicar essa questão histórica da crendice popular relacionando a Maçonaria com o uso ou culto de um bode, os próprios Irmãos Maçons, sem encontrar nenhum indício que justificasse tal crença, buscaram uma explicação plausível. A lenda que surgiu para isso, e que foi eternizada pelos escritos do célebre irmão José Castellani, é bastante conveniente, aqui resumimos:

Dizem que havia um costume antigo entre os judeus que viviam na Palestina nos primeiros séculos da cristandade: os homens costumavam confessar seus pecados para um bode. O bode era um animal muito comum na região e, evidentemente, não poderia passar o pecado confessado para frente. Dessa forma, os homens se sentiam mais aliviados pela confissão e seguros de que os pecados revelados nunca seriam contados a ninguém. Diz a lenda ainda que o apóstolo Paulo, em contato com esse antigo costume, implementou a confissão na Igreja. Foi então que, mais de mil anos depois, durante a Inquisição, muitos maçons foram presos e torturados para que contassem os segredos da Maçonaria, mas, nenhum contava. Por conta disso, os clérigos responsáveis pelos inquéritos, conhecedores da origem da "confissão cristã", diziam que os maçons eram como os bodes, que nunca contam os segredos.

Apesar da beleza dessa história, que reforça a lealdade maçônica aos juramentos prestados, não há nenhum embasamento para essa lenda. Ao contrário, existem fortes indícios que a contradizem: a "confissão auricular" era um antigo costume religioso romano. Há quem diga que foi defendida pelo Apóstolo Paulo, que considerava todos os sacerdotes da Igreja como sucessores espirituais dos Apóstolos, e interpretava que Jesus concedeu aos seus apóstolos o direito de perdoar os fiéis de seus pecados. Porém, a confissão auricular só se tornou obrigatória no IV Concílio de Latrão, por volta de 1215 d.C. Pessoas consideradas santas, como Santo Agostinho, morreram sem nunca terem se confessado.

Não há qualquer registro da Igreja Católica ou mesmo no Judaísmo que faça qualquer referência ao suposto antigo costume de se confessar a um bode. Também não se tem notícia de algum registro de inquérito da

Inquisição em que os responsáveis se referem aos maçons como "bodes" por guardarem segredos. Essa lenda não possui sustentação histórica.

Por outro lado, há outro fato histórico diretamente relacionando Maçonaria e bode que poderia justificar essa crendice popular: Baphomet.

Quando os Templários foram presos e torturados, uma das várias acusações sobre a Ordem do Templo e seus membros era de que eles veneravam um Deus que possuía corpo de homem e cabeça de bode, o qual chamavam Baphomet. Na época, o povo relacionava o bode com o diabo, pois o bode fede e tem chifres, assim como a visão ocidental do diabo. O nome Baphomet era uma mistura clara de "bode" com "Maomé". É claro que se tratava de mais uma acusação absurda da Santa Inquisição, a qual nunca foi provada, mas serviu na época de justificativa para anos de tortura de vários inocentes.

Alguns séculos após o fim da Ordem dos Templários e a condenação de seus líderes à fogueira em 18 de março de 1314, a Igreja Católica resgatou tal acusação para difamar a Maçonaria. A figura do Baphomet ressurgiu dos arquivos do Vaticano para servir de ilustração da campanha difamatória contra a Maçonaria. Desde então, a imagem de um homem com cara de bode está diretamente ligada à Maçonaria na mente dos ignorantes ou mal-intencionados. Já a Maçonaria, como não poderia deixar de fazer, levou e leva tais crendices pelo caráter jocoso e tem adotado o bode quase que como um "mascote".

Agora que você sabe a verdade, essa estória de cochichar na orelha do bode realmente soa meio absurda, não?

O Triponto

O triponto está presente nas abreviações contidas em diplomas, pranchas, manuais e rituais do REAA (Rito Escocês Antigo e Aceito) e na assinatura de todo maçom brasileiro que se preze. Mas qual é a origem desse costume e seu real significado?

Muitos autores maçons se arriscaram em chutar seu significado: os três graus simbólicos; o Esquadro, o Compasso e o Livro da Lei; as colunas Jônica, Dórica e Coríntia; o Venerável e seus dois Vigilantes; o triângulo superior da Árvore da Vida; as pirâmides de Quéops, Quefren e Miquerinos; o Enxofre, o Mercúrio e o Sal; Pai, Filho e Espírito Santo; ou mesmo Prótons, Elétrons e Nêutrons etc. Daí, em cima do suposto significado, "deduzem" a origem: Grécia Antiga, Cabala, Egito Antigo, alquimistas, Igreja e até na Física.

Temos que concordar que o tema colabora para o quase infinito número de interpretações, muitas sem pé nem cabeça, afinal de contas, o número três pode ser encontrado em todas as culturas, épocas e religiões. Aliás, pode-se encontrar nessas qualquer número entre um e nove, basta um pouco de criatividade! Os números acima de nove não são tão populares provavelmente por ser um pouco mais dispendioso encontrá-los.

Mas não é possível que continuemos a utilizar o triponto nas abreviações e até mesmo em nossas assinaturas sem saber sua origem real e seu significado. Então, vamos ao que interessa.

O triponto não está presente na Maçonaria Universal, apenas nos Ritos "latinos". Sua forte presença no Brasil deve-se à supremacia do REAA no país. Conforme Rangon, em sua obra *Ortodoxia Maçônica*, o triponto começou a ser oficialmente usado nas abreviações a partir de 12/8/1774, pela determinação do Grande Oriente da França. Chapuis evidencia que o uso já era adotado por algumas Lojas francesas anteriormente, como na Loja "A Sinceridade", de Besançon, em ata de 1764.

O costume de abreviar as palavras surgiu com os gregos e foi extensamente explorado pelos romanos por meio das "anotações tironianas" que, aliás, criaram a regra de duplicar a letra inicial quando da abreviação de termo no plural, regra ainda existente na abreviação maçônica. Esse sistema de abreviação do latim sobreviveu de tal forma na Europa pós-romana que, para se ter uma ideia do uso e abuso das abreviaturas na França, em 1304 o Rei Felipe IV, o Belo, publicou uma lei proibindo abreviações nas atas jurídicas.

Se sempre adotadas em atas e sinalizadas por traços, barras ou reticências, é claro que nas atas maçônicas as abreviações não ficariam de fora e ganhariam um sinal correspondente com a instituição: uma variação das reticências, lembrando o símbolo geométrico mais importante para a Maçonaria, o Triângulo. Não demorou para que, pelo costume da escrita e exclusividade do uso, o triponto ultrapassasse sua utilidade caligráfica e alcançasse a assinatura dos Irmãos.

Por que os maçons ingleses e americanos não utilizam o triponto? Simplesmente porque a língua inglesa não é uma língua neolatina, românica. Ocorrem abreviações, porém respeitando outras regras e sem o uso de sinais.

Com a questão esclarecida, sejamos sinceros: a verdade é bem melhor do que imaginar que estamos desenhando Quéops, Elétrons ou Enxofre quando assinamos!

O Descalçamento

Para começar, esse negócio de chinelo é coisa relativamente nova, apenas para os candidatos não pegarem um resfriado, machucarem o pé ou mesmo se sujarem em demasia. Preocupações que não existiam anteriormente, mas passaram a fazer parte da sociedade. Afinal de contas, pé com chinelo não é pé descalço.

Os rituais e livros são extremamente omissos quanto ao motivo do descalçamento, muitas vezes informando apenas que se trata de uma questão de respeito. Há ainda os "achistas" de plantão que "viajam" em teorias tendenciosas e sem embasamento, como a de Jesus lavando os pés de um discípulo, ou a de que o caminho do candidato é ao Oriente, e no Oriente (Japão) as pessoas tiram os calçados para entrar em casa. Se neles falta pesquisa, sobra imaginação. Não me assustará se uns desses quiserem um dia lavar o pé do candidato no Mar de Bronze[1].

Para demonstrarmos a antiguidade e a importância do costume do descalçamento, podemos recorrer a vários povos e épocas. Entre os

---

1 Mar de Bronze é uma bacia de bronze sobre miniaturas de doze bois de bronze, que fica no canto Noroeste de alguns templos maçônicos para lavar as mãos de candidatos à Iniciação. O autor usa aqui um tom irônico para dizer que misturam tantas coisas de outras culturas à Maçonaria que logo haverá quem defenda que o Mar de Bronze serve para lavar os pés.

exemplos, há no livro Êxodo 3:5, quando Deus fala com Moisés por meio de uma sarça "ardente": "não te chegues para cá; tira os sapatos de teus pés; porque o lugar em que tu estás é terra santa". Outro exemplo interessante, de um personagem muitas vezes ligado à Maçonaria, é uma instrução de Pitágoras aos seus discípulos: "Ofereça sacrifício e adoração descalço" e "Devemos nos sacrificar e entrar nos templos sem sapatos".

Tal costume, existente entre judeus e gregos, também é observado entre muçulmanos, hinduístas e entre várias religiões orientais, o que comprova seu caráter universal. Tão antigo e presente em tão diferentes povos e culturas, é impossível e desnecessário determinar seu início e origem. Parece fruto de um senso comum, assim como a própria existência de um Ser Superior. Trata-se de um óbvio reflexo do simbolismo dos templos: um local sagrado é um local puro, portanto, livre do que é sujo. Dessa forma, o pé descalço simboliza o respeito e a deferência da pessoa para com aquele lugar, seu reconhecimento de que aquele solo é realmente sagrado.

Mas, como sempre, alguns ritualistas fizeram o favor de desconsiderar a história e o motivo de existir do rito de descalçamento, tornando os rituais, no mínimo, incoerentes: os candidatos descalçam o pé para pisarem num lugar puro, mas colocam sandália para não sujarem o pé. Uma verdadeira distorção do símbolo e de sua simbologia. Será que é preguiça de limpar a Loja? Espero que não.

A Corda no Pescoço

Certo autor cometeu o disparate de escrever que o candidato durante a iniciação é um feto que está nascendo da mãe Maçonaria, e que a corda em seu pescoço simboliza o cordão umbilical, que será em breve tirado, como em um recém-nascido. Mesmo que façamos um esforço para acreditar na teoria improvável de que nossos antecessores, Maçons Operativos, adotavam essa simbologia, seria mais óbvio então amarrar a corda na altura do umbigo, e não no pescoço.

Outro autor, não satisfeito, declarou que a corda no pescoço do candidato é representativa do símbolo milenar da serpente que morde sua própria cauda. Esse símbolo, chamado de Ouroboros ou Uróboros, representa a eternidade e costuma ser relacionado com a Alquimia. Enfim, nenhuma relação com o pescoço e o ato da Iniciação.

Há ainda aqueles que afirmam que a corda no pescoço simboliza o estado de escravidão que o candidato se encontra, escravo das paixões, dos vícios e da ignorância. Então não seria melhor amarrar suas mãos ou algemá-lo? Essa seria uma representação mais adequada.

Por fim, há os que consideram a corda no pescoço uma armadilha simbólica, para ser usada no caso de o candidato tentar fugir ou trair a confiança nele depositada durante a Iniciação. Nesse caso, qual seria a utilidade da ponta da espada que logo pressiona o peito do candidato?

Por que complicar o que é simples? Há dois entendimentos respeitáveis sobre a corda no pescoço: a "Ars Quatuor Coronatum", publicação da conceituada *Quatuor Coronati Lodge* nº *2076*, registrou no seu 1º volume que a corda no pescoço é símbolo de controle, obediência e direção. Já o famoso Albert Pike foi ainda mais simplista: não é nada mais do que um dispositivo de controle do corpo do candidato.

Corroborando com tais compreensões, pode-se observar que a mesma corda é empregada nos candidatos também quando do ingresso em outros graus, inclusive em graus de diferentes ritos. Mesmo que amarrada de forma e em lugar diferente, sempre é simbolicamente usada para guiar. Apesar desse objetivo primário, nos graus mais "modernos", a corda acabou ganhando também conotação de elo, união, fraternidade. Se no primeiro grau a corda é posta no pescoço, nada mais é do que sinal de que o candidato ainda não é possuidor da confiança total dos presentes, por isso está recebendo um direcionamento menos fraterno e amigável.

É muito fácil comprovar o significado da corda no pescoço: basta pegar uma corda com nó corrediço e colocar no pescoço de alguém. Então pergunte à pessoa como ela se sente, quais os pensamentos e sentimentos que vêm à mente. Haverá duas sensações: a pessoa poderá relacionar a situação ao enforcamento ou se sentir como um animal laçado, como um cachorro na coleira. Um conselho: no caso de a pessoa dizer que se sente no útero da mãe ou como um alquimista com um colar de serpente, ligue para um psiquiatra.

Entendendo o Salmo 133

"Oh, quão bom e quão suave é que os irmãos vivam em união.

É como o óleo precioso sobre a cabeça, que desce sobre a barba, a barba de Aarão, e que desce à orla das suas vestes.

Como o orvalho de Hermon, e como o que desce sobre os montes de Sião, porque ali o Senhor ordena a bênção e a vida para sempre."

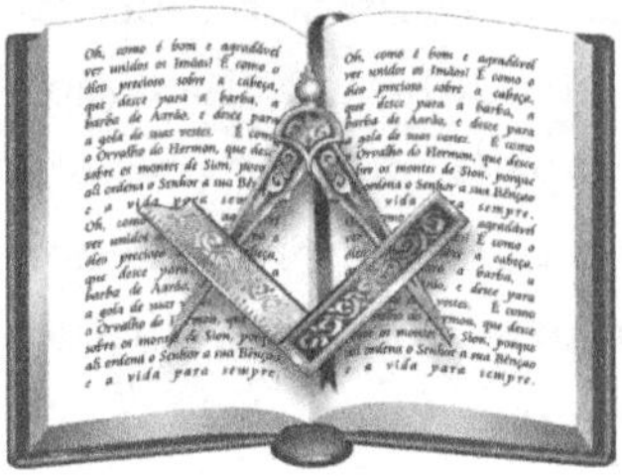

Infinitas são as interpretações apresentadas na literatura maçônica sobre o Salmo 133, e não ouso aqui tentar citar alguns exemplos, pois não saberia por onde começar.

Em primeiro lugar, há que se registrar que essa não é a leitura original de Aprendiz no REAA, que adotava João 1:1-5 e, geralmente, apenas em iniciações. Passou-se a adotar o Salmo 133 no Brasil após 1927, e de forma mais predominante entre as décadas de 1940 e 1950, por influência da Maçonaria americana e inglesa. Por sinal, a passagem de João tinha mais relação com o Grau de Aprendiz do que tem o Salmo 133, pois trata-se de trevas e luz.

Para compreender o real significado do Salmo, deve-se conhecer os elementos que o compõe:

- **Davi**: tem-se o Rei Davi como autor do Salmo 133. Ele era o grande cantor dos cânticos de Israel e autor de vários Salmos.
- **Óleo**: o óleo era utilizado na cerimônia de unção dos Reis e Sumos Sacerdotes. Esses eram ungidos com um óleo especial, o qual era derramado sobre suas cabeças e, dessa forma, eram considerados "purificados" e "sagrados" para exercer suas funções.

- **Hermon**: montanha considerada sagrada pelos judeus e chamada pelos árabes de "montanha nevada". Localizada ao norte de Israel, marca a divisão geográfica entre Israel, Líbano e Síria. Pela sua altitude (mais de 2.800 metros), seu cume está sempre coberto de neve, o que gera um orvalho que literalmente "rega" toda a região ao seu redor, sendo por isso a região mais fértil de Israel.
- **Montes de Sião**: ao contrário do que alguns possam pensar, Sião não é Hermon. Ambos os pontos são extremidades de Israel, sendo Hermon a extremidade norte e Sião a extremidade sul. Sião foi o local escolhido pelos judeus para servir de sede, sendo a região onde se encontra Jerusalém (daí a origem do termo "sionista"). Após Sião, o que se vê é o deserto.
- **Aarão**: irmão mais velho de Moisés e primeiro Sumo Sacerdote de Israel, através do qual se originou a linhagem de Sumos Sacerdotes. Aarão era o porta-voz de Moisés (que possuía problemas de dicção, provavelmente gago ou fanho) e servia de Orador dos judeus com o Faraó. Na tradição judaica, Aarão participou do episódio do bezerro de ouro, porém, na tradição árabe, ele não teve tal participação.

Conhecendo os elementos, pode-se compreender melhor a mensagem: os Irmãos que Davi se refere são, provavelmente, o povo de Israel, divididos em suas tribos e espalhados entre Hermon e Sião (limites de Israel), mas todos vivendo em união. Davi relembra então a unção de Aarão como o primeiro Sumo Sacerdote de Israel, momento que selou o compromisso entre o povo de Israel e seu Deus. Dali nasceu a nação que Davi representava e defendia. O óleo precioso que ungiu Aarão foi derramado em sua cabeça e desceu pela sua barba, espalhando-se para as extremidades de sua roupa. Tal unção, que abençoava Israel, podia ser vista também em sua terra: a neve do cume de Hermon transforma-se em orvalho, que desce o monte e se transforma em um ribeirão, Banias, o qual deságua no Rio Jordão, esse que liga Hermon até a outra extremidade de Israel, os Montes de Sião, antes de desaguar no Mar Morto.

Todas as tribos de Israel estavam espalhadas de Hermon a Sião, sempre próximo às margens do Rio Jordão. "Jordão" significa exatamente isso, "que desce". O Rio Jordão, alimentado pelo orvalho de Hermon, desce até a extremidade sul de Israel, Sião, distribuindo suas bênçãos, assim como o óleo precioso que desce da cabeça de Aarão até a orla de suas vestes.

Por fim, Davi afirma que Sião (Jerusalém) é "ungido" pelas águas que vêm de Hermon porque foi o lugar escolhido por Deus para que o povo judeu habite eternamente conforme suas bênçãos.

Com esse Salmo, Davi disse ao seu povo que eles deviam permanecer unidos e obedientes às ordens vindas de Sião, pois essa era a vontade de Deus desde a unção de Aarão, comprovada pela bênção da água, que sai do alto de um monte e percorre 190 km de distância, derramando bênçãos por onde passa, até chegar a Sião.

É muito claro o motivo das palavras de Davi: ele era apenas o segundo rei de Israel, uma nação recente, ainda desestruturada, com muitas dificuldades, dividida em muitas tribos e sujeita a muitas ameaças. Ele precisava manter um discurso de unidade e esperança. Mas, pelo jeito, os ritualistas ingleses, e em seguida os americanos, desconsideraram esse contexto histórico e adotaram o Salmo 133 por conta das palavras "irmãos" e "união".

O Ângulo do Compasso

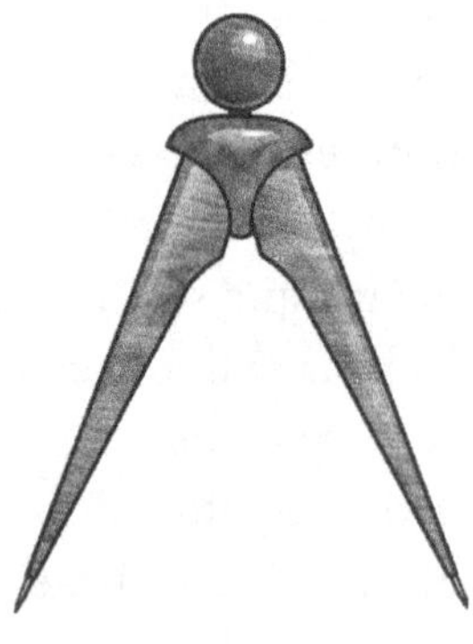

Qual o ângulo em que deve ser aberto o Compasso e por quê?

Antes de tratar do tema especificamente, devemos nos lembrar que os símbolos não são fórmulas fixas, variando de formas e significados conforme o tempo e as culturas e, no caso maçônico, também conforme os "achismos" dos ritualistas e autores. Por esse motivo, podem-se encontrar significados e explicações diferentes para um determinado símbolo maçônico conforme variações de país, obediência, rito, época etc.

No caso do ângulo de abertura do Compasso, você encontrará por aí várias opções, cada uma com sua respectiva teoria e seus defensores:

- o compasso aberto em 45° nos três graus simbólicos;
- o compasso aberto em 60° nos três graus simbólicos;
- o compasso aberto em 72° nos três graus simbólicos.
- o compasso aberto em 30° no Aprendiz, em 45° no Companheiro e em 60° no Mestre;
- o compasso aberto em 30° no Aprendiz, em 60° no Companheiro e em 90° no Mestre.

Veja que os ângulos variam entre 30° e 90°. Será que há algum motivo oculto para isso? Nenhum, além do fato que em menos de 30° ou mais de 90° o desenho do Compasso com o Esquadro fica um tanto quanto desarmônico.

Você poderá encontrar vários diferentes significados para o(s) ângulo(s) do Compasso. Segue os mais comuns:

- **Teoria dos 30°, 45°, 60°**: representa o alcance do conhecimento humano. O Maçom aumenta seu intelecto conforme o grau, mas nunca ultrapassa 1/6 (60° em 360°), que seria o "limite humano". Em resumo, não valorizam muito a capacidade intelectual do Aprendiz.
- **Teoria dos 30°, 60°, 90°**: representa a relação do espírito com a matéria, em que o Aprendiz começa com o Compasso mais fechado, mostrando que a matéria está prevalecendo, e o Compasso vai se abrindo a cada grau, mas chegando ao máximo no ângulo da matéria (Esquadro), de 90°. Será que se abrir mais do que 90° o maçom morre?!
- **Teoria dos 72°**: representa o ângulo interno das pontas do Pentagrama, símbolo presente na Estrela Flamígera e desvendado por Pitágoras. Mas o Esquadro e o Compasso não têm juntos seis pontas?

Das teorias do Compasso com ângulo fixo nos três graus, a teoria de 60° é a mais forte, presente na maioria dos rituais e gravuras atuais. Essa teoria se reforça nas seguintes questões:

- é comum relacionar o símbolo do Esquadro e Compasso com o do Hexagrama (estrela de seis pontas), ou melhor, a Estrela de Davi, que é um símbolo muitas vezes relacionado ao GADU e ao Templo de Salomão. As seis pontas do hexagrama possuem o ângulo interno de 60°;
- o triângulo perfeito, que seria o símbolo maior da Maçonaria, com três lados iguais, é composto por três ângulos internos de 60°;
- considerando o Esquadro como símbolo da retidão e o Compasso como símbolo da perfeição, o Esquadro forma o triângulo-retângulo, 90° (retidão), e o Compasso em 60° forma o triângulo-perfeito (perfeição).

Porém, apesar de mais coerente e comum, a teoria do ângulo de 60° não é a correta. Aliás, nenhuma pode ser considerada como a verdadeira, a original.

Infelizmente, vê-se na Maçonaria uma tendência em adicionar à nossa simbologia significados extras, ocultos, inexistentes. O Compasso é apenas mais um típico exemplo disso. Uma breve análise de gravuras maçônicas de Esquadro e Compasso do século XVIII e XIX, quando do nascimento das primeiras obediências e ritos, é o bastante para comprovar que não havia uma conformidade no ângulo de abertura do Compasso. O símbolo era sempre composto de um Compasso aberto e um Esquadro, mas pouco importando o ângulo do compasso que, conforme as gravuras, era sempre inexato: 32°, 44°, 56°, 64° etc.

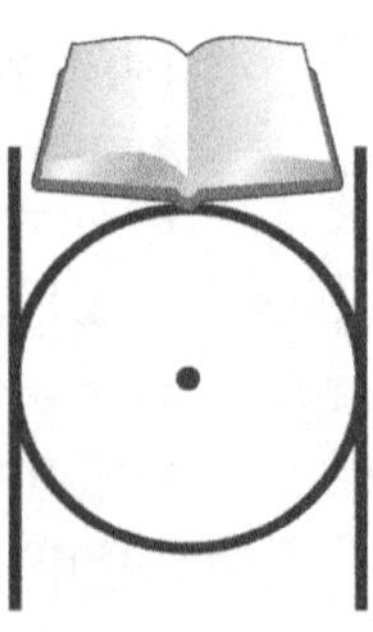

Enfim, essa preocupação "numerológica" é coisa bem mais recente, apenas outro "enxerto" em nossos rituais.

Os Solstícios e os Santos de Nome João

Diversas instituições e religiões observam os dias de solstícios e o equinócio, visto ser um dos costumes mais antigos relacionados à divindade. Esses dias marcam as mudanças de estações, o que sempre guiou e ditou a rotina dos povos da antiguidade.

O solstício de verão é o marco em que o dia é o maior do ano em detrimento da noite. Já no solstício de inverno ocorre o contrário, e a noite é a maior do ano.

Enquanto no hemisfério norte o solstício de verão é em junho e o de inverno, em dezembro, no hemisfério sul inverte-se: o de inverno é em junho e o de verão é em dezembro.

Essa variação de dia e noite não ocorre na linha do Equador, onde os solstícios são definidos através da distância entre a Terra e o Sol.

Antigamente, as iniciações no hemisfério norte ocorriam sempre no solstício de inverno, quando a noite é a maior do ano, simbolizando que o iniciado está na escuridão em busca da luz.

Costuma-se chamar o solstício de junho de Solstício de Câncer e o de dezembro como Solstício de Capricórnio pela relação dos solstícios com os trópicos.

Acredita-se que, assim como os romanos observavam o solstício de inverno em homenagem ao deus Saturno, posteriormente chamado de Sol Invencível, esse costume também era observado pelas Guildas Romanas, os antigos Colégios e Corporações de Artífices, que nada mais eram do que a Maçonaria Operativa. Esse costume permaneceu intacto até o surgimento da Maçonaria Especulativa, que tratou de não descartá-lo.

Porém, há fortes indícios de que a Maçonaria Especulativa, formada por europeus de predominância cristã e preocupados com a imagem da Maçonaria perante a "Santa Inquisição", aproveitou a feliz coincidência de as datas comemorativas de São João Batista (24/6) e São João Evangelista (27/12) serem muito próximas aos solstícios para relacionar a observância dos solstícios com os santos de nome João e assim protegerem a instituição e sua observação dos solstícios da ignorância, tirania e fanatismo.

Nesse sentido, na Inglaterra, o antigo símbolo maçônico de um círculo ladeado por duas linhas paralelas, talvez um dos símbolos mais antigos da humanidade ainda em uso, teve a simbologia das linhas paralelas dos Trópicos de Câncer e Capricórnio, que possuem ligação direta com a observância dos solstícios, transformados em São João Batista e São João Evangelista.

Reflitam: por que duas linhas paralelas representariam dois santos de nome João? E como um símbolo tão antigo, mais antigo que o Cristianismo, poderia simbolizar esses dois santos? Nada mais do que uma conveniente mudança de interpretação que, mesmo com o fim da Inquisição, infelizmente permaneceu em nossa literatura.

O Pé Esquerdo

Ao contrário do que alguns podem pensar, esse é um costume muito antigo, de milênios, e não possui relação alguma com o azar.

As principais pinturas e esculturas de deuses e faraós egípcios mostram sempre o pé esquerdo à frente, enquanto as que ilustram pessoas comuns em situações do cotidiano mostram o pé direito. Trata-se de uma coincidência? Não. O passo com o pé esquerdo era considerado pelos egípcios como símbolo do "primeiro passo" para uma nova vida. Por isso, era com o pé esquerdo que o faraó dava seu primeiro passo após sua posse. Também por isso que as escadas eram feitas com degraus em número ímpar, de forma a ser possível iniciar e encerrar a subida com o pé esquerdo. Essa tradição foi herdada posteriormente pelos gregos, como também se pode ver estampada em sua arte.

Por que o esquerdo, e não o direito?

Os egípcios acreditavam que o lado esquerdo era o lado espiritual, enquanto o lado direito era o lado material. Por esse motivo, as coisas tidas como sagradas eram feitas com o pé e mão esquerdos.

Esse simbolismo do primeiro passo, um passo espiritual para uma nova vida, continuou sendo observado nas instituições tradicionais, principalmente em suas cerimônias de iniciação, incluindo a Maçonaria.

Rompendo a Marcha

O costume também foi incorporado pelos antigos exércitos, que davam o primeiro passo de suas marchas com o pé esquerdo como um sinal de sorte para a batalha. Com o tempo, o costume se tornou regra, mas perdeu sua simbologia. Daí então as famosas Lojas Militares, responsáveis pelo surgimento das primeiras Lojas Maçônicas nas então Colônias, acostumadas ao primeiro passo esquerdo não somente em Loja, mas também fora dela, incorporaram às suas Lojas a prática e o termo militar "romper a marcha com o pé esquerdo".

Foi assim também que o maçom, que tinha "passos", passou a ter "marchas".

Por que os Aprendizes se sentam ao Norte?

Com exceção do Rito Brasileiro, que inverteu as posições do REAA, os Aprendizes se sentam na coluna do Norte em todos os demais ritos. Nos ritos de origem francesa (Escocês, Moderno e Adonhiramita), eles se sentam na última fila do Norte, enquanto nos ritos de origem que podemos chamar "anglo-saxônica" (Shröder, York e rituais do Reino Unido, como o de Emulação), eles se sentam na primeira fila do Norte.

Mas qual é o motivo para os Aprendizes se sentarem ao Norte? Essa é uma pergunta muito comum em Loja e que costuma receber as mais variadas respostas, algumas totalmente sem nexo:

- "Porque a pedra bruta está no lado ocidental do norte, e o Aprendiz é uma pedra bruta".
- "Porque o Aprendiz precisa ficar na Coluna da Força para ganhar força para o trabalho".
- "Porque o Aprendiz tem que ficar perto do Primeiro Vigilante, que o instrui".
- "Porque o Aprendiz tem que ficar de frente para o Segundo Vigilante, que é quem deve instruí-lo".

Essas afirmações chamam a atenção para outro ponto: de onde tiraram que os Vigilantes são os responsáveis por instruir os Aprendizes e Companheiros? Existe alguma fala na Abertura e Encerramento dos trabalhos em que os Vigilantes assumem essa responsabilidade? As instruções obrigatórias desses graus, que constam nos rituais, são feitas pelos Vigilantes?

Não. Apenas em algumas das cerimônias inventadas de posse e nos Estatutos modernos das obediências é que os Vigilantes "ganharam" essa responsabilidade. As instruções para Aprendizes e Companheiros não são presididas pelos Vigilantes. Elas são presididas pelo Venerável Mestre e apenas contam com a participação dos Vigilantes, assim como contam com outros Oficiais da Loja.

Você pode estar se perguntando agora: então, por que os Vigilantes são considerados responsáveis pela instrução de Aprendizes e Companheiros?

Simplesmente criou-se esse "hábito" por conta da interpretação de que os Vigilantes "governam" as colunas onde os Aprendizes e Companheiros estão sentados, então deveriam ser responsáveis por eles.

Os Vigilantes não são ritualisticamente os responsáveis pela formação dos Aprendizes e Companheiros, independentemente de ser o Primeiro Vigilante para os Aprendizes e o Segundo Vigilante para os Companheiros, ou vice-versa. Na verdade, os Oficiais da Loja são responsáveis por instruir Aprendizes e Companheiros conforme as instruções do ritual e sob comando do Venerável Mestre. É dever ritualístico do Venerável Mestre, que é o Mestre da Loja, definir se eles estão preparados para subir mais um degrau. Isso não deveria ser responsabilidade dos Vigilantes, apesar de terem criado esse costume e legislado em favor disso. As dúvidas que um Aprendiz ou Companheiro por ventura possam ter deveriam ser sanadas pelo seu padrinho, o Mestre Maçom responsável pelo seu ingresso na Loja. É para isso que servem padrinhos: para garantir a formação de seus afilhados.

Enfim, com base nessas observações, verifica-se que as respostas dadas sobre o Aprendiz no Norte que são relacionadas à instrução dos Vigilantes não correspondem à verdade.

Quanto à reposta de que o Aprendiz fica na coluna da Força para ganhar força para o trabalho, isso é uma ofensa para a inteligência de cada maçom. Substituiremos o maço e o cinzel por alteres se assim for. O efeito será melhor para tal simbologia!

Já a afirmação de estar relacionado com a posição da pedra bruta em Loja também é ilógica. Afinal de contas, em alguns ritos a pedra bruta não fica na coluna do Norte, enquanto Aprendizes permanecem lá! Então, qual é o motivo?

É simples. A Loja possui três luzes que a governam: Venerável Mestre, Primeiro Vigilante e Segundo Vigilante. Essas três luzes ficam localizadas em três lados do templo: Oriente (Venerável Mestre), Ocidente (Primeiro Vigilante) e Sul (Segundo Vigilante). Ora, o templo possui quatro lados, então um não possui luz: o Norte. Por esse motivo, a coluna do Norte é considerada o "lado escuro do templo".

O Aprendiz até pouco tempo era um candidato na escuridão, desejoso de receber a luz. Seu lugar é no lado mais escuro do templo onde, simbolicamente, sua visão poderá se acostumar com a luz que lhe é dada aos poucos. O Aprendiz está no hemisfério norte, enquanto o Sol está fazendo seu giro do Oriente para o Ocidente inclinado ao sul, o que indica que o Aprendiz está no inverno do hemisfério norte, quando as noites são maiores que os dias, ou seja, a escuridão ainda prevalece sobre a luz do dia.

Isso está muito bem registrado nas instruções dos rituais mais antigos, mas se perdeu na evolução de muitos ritos e na constante "revisão" que quase todos sofrem constantemente.

Circulação em Loja

A Maçonaria possui modelos de circulação que variam conforme o rito praticado. Há a circulação em esquadria, que respeita a linha entre o Trono da Sabedoria e o Altar e se orienta pelo pavimento mosaico recuado (expressão explicada mais adiante); a circulação em sentido anti-horário, chamada "sinistrocêntrica" (rara); a circulação em sentido horário no Ocidente e anti-horário no Oriente (mais rara ainda); e a circulação apenas em sentido horário, conhecida como "dextrocêntrica", adotada no REAA.

É claro que cada tipo de circulação maçônica tem seu motivo de existir e sua explicação. Mas, considerando a supremacia do REAA no Brasil e a quantidade de material controverso publicado sobre o assunto, foquemos em sua circulação: em primeiro lugar, não percamos tempo com nomenclaturas. Sejamos sinceros, "circumambulação" e "circunvolução" são apenas nomes frescos para o que conhecemos por "circulação". A intenção dos autores deveria ser de facilitar a compreensão, e não de complicar. Afinal de contas, quando um policial quer que um cidadão se movimente, ele diz "circulando, circulando!", e não "circumambulando, circumambulando!" ou "circunvoluindo, circunvoluindo!"

A verdade é que girar em sentido horário em volta de um altar não é coisa recente. Enquanto os egípcios valorizaram o lado esquerdo como o lado espiritual, os gregos antigos tinham o lado esquerdo como o "desfavorável" e o direito como o "favorável", visto que, em regra, o braço direito favorece mais o dono do que o esquerdo. Daí surgiu a referência popular de que "fulano é meu braço direito". Por esse entendimento, a circulação em torno dos altares gregos era sempre realizada de forma que o lado direito ficasse próximo ao altar.

Já os romanos, adotando o mesmo procedimento, vieram a chamar essa circulação de "dextrovorsum" e relacioná-la ao aparente movimento que o Sol faz diariamente em torno da Terra. Esse aparente movimento do Sol se deve ao fato de a Terra girar no sentido anti-horário em torno de seu eixo (rotação), o que gera a percepção de que é o Sol que está se movendo no sentido horário.

Vários outros povos em diferentes épocas, tendo sempre o aparente movimento do Sol como referência, também adotavam a circulação em sentido horário, tendo altares, fogueiras, totens ou sacrifícios como eixo. Uma prática de certa forma universal. Interpretando o Templo Maçônico como um microcosmo da Terra, é fácil compreender sua adoção no REAA e em vários outros ritos.

A Forma da Loja

Os rituais antigos registram que a forma da Loja é a de um "quadrado oblongo". Talvez você esteja pensando: "Como é possível um quadrado ser oblongo? Aí não seria quadrado, e sim retângulo! Esse termo está errado!".

Se você pensou algo parecido, saiba que muitos ritualistas ao longo dos últimos séculos pensaram como você. Esses ritualistas também acharam o termo de certa forma contraditório e foram substituindo-o ao longo do tempo. Hoje, vê-se "quadrilongo" e até a aberração "retângulo alongado"! Ora, se é retângulo, então já é alongado, não é mesmo?

A verdade é que o quadrado oblongo, o quadrilongo e o retângulo são apenas nomes diferentes para a mesma figura geométrica. Nenhum deles está errado, nem mesmo o "quadrado oblongo", o mais antigo deles. Entenda o porquê:

Procure na Bíblia a palavra "retângulo". Aliás, não procure porque você não encontrará. Isso não significa que não há objetos e construções retangulares descritos na Bíblia. Simplesmente, o termo não existia.

Para que se entenda melhor a questão, deve-se compreender o verdadeiro significado da palavra "quadrado". Quadrado vem do latim *quadratus*, que é o particípio passado do verbo *quadrare*, que significa "esquadrar". Assim sendo, quadrado, no sentido original, era toda forma geométrica de quatro lados formada por ângulos retos. Quando os quatro lados eram do mesmo tamanho, o quadrado era "quadrado perfeito" e, quando dois lados paralelos eram maiores que os outros dois, era "quadrado oblongo". A palavra "retângulo" veio surgir muito tempo depois.

Mas quais as medidas corretas?

"Sem simetria e proporção não pode haver princípios na concepção de qualquer templo."

Vitrúvio

O "quadrado oblongo", como todo retângulo, pode ter qualquer tamanho, desde que dois lados paralelos sejam maiores do que os outros dois. Um Templo Maçônico, tendo a forma de um quadrado oblongo, também pode ter qualquer tamanho, conforme o espaço físico, interesse e recursos financeiros permitam. Mas o que importa aos maçons é se há uma proporção correta a ser respeitada, como bem sinalizou Vitrúvio, autor das primeiras obras que detalham as Ordens de Arquitetura, tão importantes para a Maçonaria.

Nesse sentido, existem duas teorias: a primeira é de que a proporção é de 1 x 2, ou seja, as paredes do Norte e do Sul devem ter o dobro do comprimento das paredes do Oriente e do Ocidente. Essa teoria se sustenta na proporção conhecida como *ad quadratum*, de origem romana e que foi muito usada na construção de igrejas góticas.

A segunda teoria, e mais aceita, é da Proporção Áurea, que é de aproximadamente 1 x 1,618. Essa famosa proporção, também conhecida como Proporção de Ouro ou Divina Proporção, foi utilizada na concepção do Parthenon e adotada por artistas como Giotto. Também está presente na natureza, como em algumas partes do corpo humano e nas colmeias, além de vários outros exemplos envolvendo o crescimento biológico, o que torna tal proporção ainda mais intrigante. Pitágoras, figura extremamente importante na Maçonaria, registrou a presença da Proporção Áurea no Pentagrama, tornando esse o símbolo de sua Escola. O próprio Vitrúvio era fã devoto da proporção. O retângulo feito com base na Proporção Áurea é chamado de "Retângulo de Ouro". Para ter uma ideia de sua influência e aplicação até nos dias de hoje, os cartões de crédito convencionais respeitam a Proporção Áurea.

Desvendado o "mistério do quadrado oblongo", é importante observar que a Maçonaria apenas declara que o templo tem tal formato, sem explicitar qual seria a proporção adequada. Mas se você é adepto de uma das proporções e não encontrá-la no templo de sua Loja, não se preocupe. Hoje em dia, não se fazem mais templos como antigamente.

O Pavimento Mosaico e a Orla Dentada

Em primeiro lugar, o que é mosaico? Ao contrário do que muitos já registraram, o termo "mosaico" não tem origem em Moisés. Conforme a etimologia dessa palavra já confirmou, sua origem é a mesma da palavra "museu". Mosaico é o trabalho feito pela união de diferentes pedras.

Em Loja, diz-se que o pavimento mosaico, constituído de pedras brancas e pretas, simboliza a diversidade do ser humano, mas sempre levado à dualidade das forças: bem e mal, rico e pobre, sábio e ignorante, saudável e doente, virtuoso e viciado, feliz e triste. Muitos autores concordaram sobre isso. Será que essa é a verdadeira interpretação?

Também se diz que o pavimento mosaico está presente em nossos templos porque assim era o piso do Templo de Salomão. Será mesmo verdade?

Outra importante questão sobre o pavimento mosaico é quanto ao seu formato. Qual é o correto? Aquele pequeno retângulo na área do Altar dos Juramentos ou todo o piso da Loja?

Para encontrar as respostas corretas para tais questionamentos, deve-se por um momento se esquecer dos nossos rituais atuais e voltar os olhos para a história.

Mosaicos faziam parte da arte e da arquitetura romanas. Tem-se no livro João, capítulo 19, versículo 13, que os julgamentos do governante romano Pilatos ocorriam em um lugar chamado pelo termo grego de "Litóstrotos" e em hebraico chamado de "Gabatah". Litóstrotos significa calçado por pedras, e Gabatah significa pavimento. Plínio utilizava o termo Litóstrotos para referir-se a um pavimento mosaico.

Convencionou-se imaginar que o "santo dos santos" do Templo de Salomão, por também ser um local de juízo, possuía um pavimento mosaico. Essa teoria não tem fundamentos na Bíblia, onde consta que todo o piso do templo era de madeira de cedro, mas é baseada em uma breve passagem do Talmud, que permite uma interpretação de que os lugares mais sagrados dos templos tinham o pavimento mosaico, o que também justifica os pavimentos mosaicos existentes nas principais sinagogas construídas nos primeiros séculos d.C.

As escrituras e tradições também dão notícia de que o santo dos santos, mais alto do que o restante do templo, era delimitado por véus com franjas e borlas (*almiazar*). Franjas e borlas eram usadas em sinal de respeito e devoção na época. Por borlas, entende-se um adorno pendente. Uma herança dessa tradição ainda está presente, por exemplo, nos populares lenços palestinos.

Até o final da Idade Média, não se sabia quais as cores desses antigos pavimentos mosaicos. Porém, no século XVI, o Rei Henrique VIII autorizou a confecção de uma Bíblia em inglês, surgindo então a chamada Bíblia de Genebra, por ter sido feita naquela cidade. Essa versão traduzida trazia como novidade diversas ilustrações. Entre elas, a do Templo de Salomão, que era ilustrado com um pavimento mosaico de quadrados intercalados em preto e branco. É evidente que não havia outra forma de ilustrar um pavimento colorido, pois a impressão na época era apenas em preto e branco. Porém, com pouco tempo a visão do pavimento mosaico do Templo de Salomão em preto e branco firmou-se como realidade. Dessa forma, quando do surgimento dos templos maçônicos, inspirados no Templo de Salomão, o pavimento mosaico em preto e branco foi adotado.

Enfim, as cores não tinham a simbologia da dualidade das forças. Eram apenas porque essa era a ideia que se tinha do piso do Templo de Salomão. O próprio Mackey, um dos maiores escritores sobre Maçonaria de todos os tempos, confessou isso em sua enciclopédia, declarando que, apesar de equivocada, é adequada a interpretação do pavimento mosaico como a dualidade entre o bem e o mal.

Você pode estar se perguntando: "E a orla dentada?". Essa é uma questão interessante. Quando do registro dos primeiros rituais em inglês, o que era uma orla (borda, margem) com franjas e borlas (adornos pendentes) nas extremidades tornou-se simplesmente *indented tessel* que, em tradução livre, significa "orla dentada". Mas o que seria então uma verdadeira "orla dentada"? Trata-se do que hoje vemos em muitas Lojas sobre o trono do Venerável Mestre, em que a borda da cobertura do trono possui "dentes" com franjas, sendo comum atualmente serem feitos de gesso.

Como se sabe, os primeiros templos maçônicos eram planos e sua ornamentação precária. Por esse motivo, o retângulo onde se encontra o Altar dos Juramentos, o qual simbolicamente representa o santo dos santos, não era elevado, o que impedia de se ter uma orla dentada real. Por isso, a orla dentada precisava ser desenhada ou pintada no chão, ao redor do pavimento mosaico. Com o tempo e a forte presença do triângulo na simbologia maçônica, convencionou-se desenhar os "dentes" da orla em formato de triângulos, e assim surgiu o que atualmente se vê na maioria dos templos maçônicos espalhados pelo mundo.

Nos ritos que adotam o pavimento mosaico como um retângulo central, os maçons não devem pisar no pavimento, a não ser aquele que abrirá e fechará o Livro da Lei, assim como ocorria no santo dos santos, onde apenas o Sumo Sacerdote podia ingressar e apenas para um fim específico. A circulação então é feita em ângulo reto, tendo como parâmetro o pavimento mosaico.

Já no REAA, prevaleceu o entendimento de que todo o piso do Templo de Salomão era um pavimento mosaico, baseado nas ilustrações medievais. Por isso, todo o piso nos templos do REAA é em mosaico alvinegro, e a orla dentada, que circula todo o pavimento, está representada pela "corda de 81 nós", da qual pendem 4 borlas nos 4 cantos do Templo.

Porém, com a perda de tal compreensão e do conhecimento da origem de tais símbolos, além da influência de outros ritos, é comum encontrar templos do REAA no Brasil que possuem o pavimento mosaico restrito ao retângulo central, constituído também de orla dentada, ao mesmo tempo em que vemos a corda de 81 nós sobre as colunas zodiacais, algo totalmente redundante. Onde se vê a orla dentada não deveria existir a corda de 81 nós e vice-versa. Dessa forma, não é de se surpreender com as dezenas de significados inventados para cada um desses símbolos.

Rizzardo da Camino chegou a escrever que o pavimento mosaico representa a união das 12 tribos de Israel, os dentes da orla dentada são os planetas que giram no cosmos, e que a Corda de 81 nós absorve as vibrações negativas e as transforma em positivas. Castellani preferiu escrever que o pavimento mosaico representa a mistura de raças, a orla dentada é a união dos opostos e a corda de 81 nós representa a comunhão de ideias e objetivos de todos os maçons, tendo suas borlas o papel de representar a Maçonaria como "dinâmica e progressista".

Apesar de esses dois grandes autores discordarem um do outro em suas teorias, eles têm algo em comum: criatividade.

As Colunas são dentro ou fora do Templo?

A resposta é: DENTRO. Sem sombra de dúvidas. Alguns ritualistas de plantão não gostarão, mas vamos lá. Deve-se ter em mente que o templo maçônico não é uma réplica nem uma miniatura do Templo de Salomão. O templo maçônico na verdade é simbolicamente inspirado no Templo de Salomão. Vejamos: por um acaso, nossos templos possuem o altar do holocausto com fogo? Os dez castiçais? As 400 romãs? A mesa de ouro para pães? Vasos, bacias, colheres, varais e véus? Decoração com querubins, palmeiras e flores?

Já o Templo de Salomão, tinha tronos para Primeiro e Segundo Vigilantes? Esquadro e Compasso? Sol e Lua? Colunetas de ordens de arquitetura gregas? Colunas zodiacais (REAA)? Maço e cinzel, nível e prumo?

Fica evidente que o templo maçônico não é uma cópia do Templo de Salomão, recebendo apenas inspiração deste. Essa inspiração está presente, por exemplo, na orientação do Templo em Oriente, Ocidente, Norte e Sul; nas Colunas J e B, no Mar de Bronze (presente em alguns ritos).

Sendo o templo maçônico um templo simbólico, seus símbolos devem estar, antes de tudo, visíveis para que sirvam de ensinamento àqueles que no templo estão. Ora, as colunas J e B são os símbolos fundamentais de um templo maçônico, referência para os Aprendizes e Companheiros, presentes inclusive em seus ensinamentos.

Os ritualistas deveriam defender os rituais, e não modificá-los. Infelizmente, não é isso o que acontece. Tanto os antigos rituais do Rito Escocês como os do Rito de York, e aqueles que derivam desses, têm claramente as colunas no lado interno do templo. Aqueles que defendem as colunas no lado externo, ou seja, no átrio, não se baseiam nos rituais maçônicos, e sim na descrição bíblica. São como radicais religiosos, interpretando as Escrituras Sagradas ao pé da letra e exigindo o cumprimento daquela interpretação como uma verdade absoluta. Simplesmente não entenderam que o templo maçônico definitivamente NÃO é o Templo de Salomão, possuindo inclusive símbolos de outros povos e épocas posteriores, como as Ordens Arquitetônicas comentadas anteriormente. Se quiserem colocar as colunas do lado de fora do templo, deveriam colocar também o Mar de Bronze. Já que defendem que o Altar dos Juramentos representa o Altar do Holocausto, deveriam tacar fogo nele e jogá-lo no átrio. A festa estaria completa, com a Bíblia seguida à risca e o Templo sem altar e sem colunas. Isso poderia ser qualquer coisa, menos um templo maçônico.

As Ordens Arquitetônicas

Muitos ritos fazem explícita referência às ordens arquitetônicas que compõem a arquitetura clássica, desenvolvidas pelos gregos e romanos.

São cinco ordens, sendo três de origem grega e duas de origem romana. As ordens de origem grega são as mais antigas e originais, sendo que as duas ordens romanas são apenas derivações delas.

Como todo bom "construtor", o maçom deve saber distingui-las, relacioná-las com o Templo e conhecer seus significados.

A Ordem Jônica é conhecida como a Ordem de Atenas e por isso é representativa da Sabedoria. Seu lugar é no Oriente, com o Venerável Mestre. A característica principal da coluna é vista no capitel, que possui duas volutas.

A Ordem Dórica é a ordem arquitetônica mais rústica das três gregas. Prioriza-se a robustez em detrimento da beleza e é comumente vista nos templos dedicados a deuses masculinos. Por isso está relacionada com a Força, representada no templo pela Coluna do Norte, governada pelo Primeiro Vigilante. Suas colunas são sem base e com capitéis simples e lisos, sem ornamentos.

A Ordem Coríntia é a mais bela de todas as ordens arquitetônicas e procura reproduzir a delicadeza feminina virginal. Por isso está estar relacionada com a coluna do Sul, que é a coluna da beleza. Os capitéis têm formato de folhas de acanto.

Jônica Dórica Coríntia

Já a ordem Toscana é derivada da Dórica, e a Ordem Compósita é derivada da Jônica e Coríntia. Ambas são romanas.

Vale ressaltar que alguns templos no Brasil costumam ser ornamentados com pequenas estátuas de três deuses gregos, ilustrando de forma ainda mais evidente tais simbologias:

- **Atena**: deusa da Sabedoria, colocada próxima ao trono do Venerável Mestre, geralmente usando um chapéu (que denota sabedoria, por isso também usado pelo Venerável Mestre).
- **Héracles**: mais conhecido pelo nome romano Hércules, semideus da Força, colocado próximo à posição do Primeiro Vigilante, costuma ser apresentado com um porrete na mão.
- **Afrodite**: deusa da beleza, colocada próxima à posição do Segundo Vigilante, comumente representada por uma pequena réplica da famosa estátua Vênus de Milo.

Sem entrar no mérito do uso das colunetas no REAA em algumas obediências brasileiras, o que, ao que tudo indica, também surgiram no Brasil apenas após 1927, provavelmente copiadas dos rituais ingleses, compreendamos o uso destas nos trabalhos em Loja: a coluneta Jônica ("sabedoria") fica sempre de pé, mostrando que a sabedoria deve reinar sempre, 24 horas por dia, seja no trabalho, seja no descanso. Já as colunetas Dórica e Coríntia se revezam: a Dórica ("força") é erguida durante os trabalhos (do meio-dia à meia-noite), quando a força é necessária para a execução dos trabalhos; enquanto a Coríntia ("beleza") está levantada durante o descanso, considerado antes da Loja devidamente aberta e após ser devidamente fechada (da meia-noite ao meio-dia).

Em um único templo do REAA no Brasil, você pode ver colunas egípcias, colunetas gregas, réplicas de estátuas romanas, delta com letras em hebraico e um Livro da Lei cristão. Salada de frutas ou viagem no tempo? Tudo depende de como você queira ver.

O Sol e a Lua

O Sol e a Lua, geralmente presentes em cada lado da parede do oriente e tendo entre eles o trono do Venerável Mestre, destacados também nos Painéis de Aprendiz Maçom dos diferentes rituais e ritos, sempre foram alvos das especulações dos estudiosos maçons. Aliás, com tanta especulação sobre a simbologia maçônica, fica fácil compreender o verdadeiro significado do termo Maçonaria Especulativa. Encontra-se de tudo por aí: conforme alguns estudiosos de plantão, aquele Sol simboliza Mitras, Invictus, Horus, Rá ou Osíris, Hélio ou Apolo, a masculinidade, a Luz da Iniciação ou o símbolo do Oriente. Já a Lua quarto crescente seria o feminino, o segredo a ser revelado, a busca pela verdade, a palavra perdida e prestes a ser encontrada ou até mesmo a ressurreição. Isso sem contar com as interpretações absurdas, que não merecem citação.

O fato que parece passar despercebido para muitos é que esse Sol e Lua são, na verdade, um único símbolo. A mais clara evidência disso é que, seja na parede do Oriente, seja num Painel de Aprendiz, eles aparecem sempre juntos, em tamanhos iguais, na mesma altura e de lados opostos. Nunca se vê apenas um ou o outro, porque se trata de um símbolo só. Dessa forma, qualquer interpretação desses elementos realizada de forma separada já é um grande erro.

Temos no Sol e Lua um dos símbolos mais antigos da Maçonaria. Quando relacionados, o Sol é o emblema do meio-dia enquanto a Lua é o emblema da meia-noite, ou seja, o início e o término dos trabalhos do maçom em muitos ritos. O Venerável Mestre, estando entre o Sol e a Lua, demonstra que comanda os trabalhos naquele período. Esse simbolismo é creditado a Zoroastro, conforme alguns rituais denunciam. Zoroastro foi um importante profeta persa, considerado um dos principais mestres dos Antigos Mistérios, chamado por muitos de pai do dualismo e tido como precursor de muitos pensamentos comuns entre as três vertentes religiosas de Abraão: Judaísmo, Cristianismo e Islamismo. A tradição diz que os trabalhos nos templos de Zoroastro ocorriam do meio-dia à meia-noite e que sua filosofia tinha por base a cosmologia. O antagonismo do dia e da noite, da claridade e da escuridão, era visto na natureza e no bem e no mal, presentes em cada ser humano.

Por que a Lua quarto crescente?

Porque a astronomia ensina que a Lua quarto crescente nasce ao meio-dia e se põe exatamente à meia-noite. Assim, quando o Sol está em seu zênite, ao meio-dia em ponto, é quando a Lua quarto crescente nasce, a qual se põe à meia-noite em ponto. A lua quarto crescente, tão importante para os persas seguidores de Zoroastro, atravessou os milênios, tornando-se emblema da cultura árabe.

Esse fato não deixa dúvidas de que o símbolo do Sol e Lua na Maçonaria é realmente símbolo "do meio-dia à meia-noite" e de nada mais, apesar das especulações.

A Estrela Flamígera

Infelizmente, até os mais respeitáveis escritores maçons deixaram que suas formações cristãs influenciassem sobre este tema, pecando em sua interpretação. Nas instruções originais de Thomas Webb, amplamente divulgadas nas Grandes Lojas Americanas, a Estrela Flamígera é símbolo da estrela que guiou os sábios até o local de nascimento de Jesus. Por sorte, essa interpretação foi retirada quando da revisão das instruções, em 1843, na Convenção de Baltimore. Albert Pike, não satisfeito, praticamente copiou essa interpretação de Webb em seu famoso livro *Moral & Dogma*, em 1871. Importante ressaltar que são afirmações sem qualquer embasamento histórico.

Alguns autores brasileiros conseguiram ir além no mundo da imaginação. Na teoria desses, multiplicada por trabalhos apresentados nas Lojas, a Estrela Flamígera foi inventada por Pitágoras e nomeada por Agrippa, sendo usada pela primeira vez em um ritual de 1737, na França.

Essa teoria seria ótima, se não houvesse vários pentagramas de origem mesopotâmica, babilônica, egípcia, registrados em pedra e datados de, pelo menos, 3.000 a.C., ou seja, mais de dois milênios antes de Pitágoras nascer.

Outro fato que pesa contra essa teoria é o fato de Albert Mackey ter registrado em uma de suas principais obras possuir um monitor inglês de trabalhos maçônicos datado de 1735 que consta a Estrela Flamígera como ornamento da Loja, o que contradiz o pioneirismo francês.

Outro ponto importante é que uma coisa é uma estrela e outra coisa é uma Estrela Flamígera. Deve-se tomar o devido cuidado de não se relacionar todas as estrelas do mundo e seus significados com a Estrela Flamígera. Afinal de contas, não importa o significado que a estrela tem para os índios da tribo dos tapajós ou para os esquimós. Estamos tratando aqui de Maçonaria.

Mas então o que seria a Estrela Flamígera? Há uma explicação mais razoável do que simplesmente chutar que se trata da Estrela de Belém?

Eis uma teoria fundamentada da origem da Estrela Flamígera na Maçonaria os povos antigos tinham a crença de que os deuses habitavam as estrelas. Essa crença esteve presente no judaísmo, como denuncia o livro Amós (5:26), em que consta a crença ao deus Moloch, um deus que possuía uma estrela como símbolo. Os judeus adotaram tal crença por influência dos egípcios, que adoravam Sirius como um de seus mais importantes deuses. Sirius é a estrela mais brilhante do céu, também conhecida como estrela-cão por ser a principal estrela da constelação Cão Maior. Os egípcios construíram vários templos em dedicação a Sirius e há indícios de que esta serviu de base para o calendário egípcio.

Essa influência egípcia fica clara no livro Atos (7:43), que cita o tabernáculo de Moloch e "a estrela do vosso deus Renfan". Renfan era um dos nomes pelos quais os egípcios chamavam Sirius. O Antigo Testamento contém várias outras passagens que citam o deus Moloch.

Pois bem, nos livros de Reis I e Reis II, ninguém menos do que o Rei Salomão edifica um altar em homenagem a Moloch, o qual, como sabemos, tinha como símbolo uma estrela, por ser a estrela mais brilhante do céu. Os livros relatam que Salomão agiu por influência feminina. Já não mais forte como antes, velho, encontrava-se dividido entre sua sabedoria e a beleza de suas mulheres e concubinas. Enfim, Salomão misturou assuntos da matéria com assuntos do espírito.

Essa questão de dualidade entre matéria e espírito está diretamente ligada à Maçonaria simbólica, em que o material prevalece no grau de Aprendiz, mede forças com o espiritual no grau de Companheiro e então o espiritual prevalece no grau de Mestre.

Considerando o papel do Rei Salomão para a Maçonaria e essa dualidade enfrentada por Salomão e culminando na sua reverência a Sirius, a estrela mais brilhante do céu (daí o termo "flamígera"), é fácil compreender o importante papel e simbolismo que a Estrela Flamígera ocupa no grau de Companheiro Maçom. Não haveria melhor maneira de simbolizar tal dualidade aos Companheiros do que por meio do exemplo do próprio Rei Salomão, identificada no Templo por Sirius, a Estrela Flamígera.

A Estrela Flamígera representa as forças e os perigos que podem desvirtuar até o homem mais sábio de todos do caminho da retidão que leva à verdade.

A Letra G

Qual o significado da letra G comumente presente no centro do Esquadro e Compasso?

Vários autores apontam vários significados, muitos dos quais absurdos: God, GADU, Grande Geômetra, Ghimel, Gama, Geração, Gênio, Gnose, Gomel, Glória, Gibur, Gibaltrar etc.

Há ainda aqueles autores que, sem conseguir se aprofundarem na pesquisa sobre o tema, preferem afirmar que o verdadeiro significado do G é um grande mistério maçônico, talvez nunca revelado. Uma desculpa um tanto quanto poética.

A letra G é um daqueles tantos símbolos que sobrevivem aos séculos, mas, infelizmente, perdem seu significado original, ganhando vários outros ao longo do tempo. E vez ou outra, um desses significados novos prevalece, sepultando de uma vez por todas o original.

Séculos atrás, conhecimento era algo raro, reservado a uma pequena parcela da população, restrito a poucos com berço ou condições financeiras para tanto. Naquele tempo, a Geometria era tida quase como uma ciência sagrada, mãe da arquitetura e da construção, sem a qual as catedrais não podiam ser planejadas e concluídas. As crianças não aprendiam Geometria nas escolas, como ocorre atualmente. Apenas aqueles que trabalhavam com construções aprendiam tais lições. Em resumo, a Geometria era a ciência do maçom operativo, uma ciência que os distinguia dos demais, que tornava possível a execução da arte real, que levanta templos às virtudes.

A presença do G no Templo é representativo da Geometria como a ciência maçônica; como foco do estudo, conhecimento e prática do trabalho maçônico; e principalmente como origem da arte real, base para o uso de todas as ferramentas do maçom. Esse significado pode ser comprovado em todos os antigos catecismos maçônicos que se tem conhecimento.

A letra G definitivamente não é *God* ou qualquer outro nome relacionado ao Grande Arquiteto do Universo. Apenas nas línguas anglo-saxãs, a palavra referente a Deus começa com G, enquanto o uso do G também sempre constou nos países de línguas latinas. Se G fosse *God* (inglês e holandês) ou *Gott* (alemão), então nos países como França, Espanha, Itália e Portugal utilizariam um D: *Dieu* (francês), *Dios* (espanhol), *Dio* (italiano) e Deus (português). E isso não aconteceu e não acontece, nem nesses países nem nos que adotam as línguas latinas. Já a palavra Geometria mantém sua letra inicial tanto nas línguas anglo-saxãs como nas latinas: *Geometry* (inglês), *Geometrie* (holandês e alemão), *Géométrie* (francês), *Geometría* (espanhol) e Geometria (italiano e português).

O surgimento de novos significados para o G foi entre o século XVIII e XIX, quando os intelectuais-maçons da época, achando a simbologia maçônica de certa forma simplista, começam a inventar significados considerados por eles mais profundos e adequados para os símbolos maçônicos e pegar emprestado símbolos de outras fontes (astrologia, alquimia, cabala, templários etc.), criando novos rituais e ritos.

Ao indicar num mesmo ritual que uma única letra tem 7 diferentes significados, não relacionados entre si, os "sábios da maçonaria" daquela época, assim como os de hoje, revelam uma informação importantíssima a todo maçom estudioso: na tentativa de "florear" nossa simbologia, se mostram grandes incoerentes.

Sim, G é apenas Geometria. Pode não parecer muita coisa hoje, mas na época era.

Espero que o próximo maçom a se aventurar em escrever sobre o G na Maçonaria não subestime a inteligência de seus irmãos. Não basta apenas pegar o dicionário, abrir no G, selecionar algumas palavras legais e depois filosofar um pouquinho sobre elas. É exatamente assim que perdemos a nossa história.

O Balandrau

Muitos são os maçons brasileiros defensores do balandrau. Mas, afinal, qual a origem dessa vestimenta na Maçonaria?

O célebre escritor José Castellani escreveu que o balandrau era a indumentária dos membros do *Collegia Fabrorum* e que os maçons operativos medievais, do século XIII em diante, também utilizavam a túnica negra.

Com todo o respeito ao saudoso Irmão Castellani e suas obras, que tanto acrescentaram para a literatura e cultura maçônicas brasileiras, permita-nos discordar de tal afirmação. Parece-nos que se trata de teoria feita de forma inversa, ou seja, apenas para justificar um costume arraigado, em vez de buscar sua origem. Afinal de contas, não existe qualquer indício de que os membros do *Collegia Fabrorum* ou mesmo os maçons operativos medievais realmente utilizavam balandrau. Em que se baseia essa afirmação? A impressão é de que apenas se afirmou o uso pelos membros da Maçonaria operativa para justificar o uso pelos maçons especulativos, sem qualquer fundamento histórico para ilustrar tal teoria.

Em verdade, a origem do balandrau na Maçonaria é outra. Podemos dizer que herdamos o balandrau de uma instituição prima: a Carbonária.

Analisando a Carta de Bolonha e tantos outros documentos existentes do segundo milênio, vê-se claramente que já no século XI a Maçonaria operativa era dividida entre os que trabalhavam com "pedra" e os que trabalhavam com "madeira". Em resumo, os que trabalhavam com pedra, que eram maiores em número e em serviços, eram os maçons operativos, dos quais somos os legítimos herdeiros. Enquanto que a Carbonária surgiu como herdeira daqueles que trabalhavam na madeira.

A Carbonária se fazia presente de forma intensa na Itália, França e Portugal e era governada pelo general francês Joaquim Murat, cunhado de Napoleão Bonaparte e tido como rei de Nápoles. Os carbonários eram conhecidos pelo uso de uma túnica preta com a imagem do punhal de São Constantino bordada no peito esquerdo – sim, um balandrau.

Joaquim Murat tratou de iniciar na Carbonária seu filho, príncipe Charles Lucien Murat. Em 1815, o príncipe Murat teve que se exilar por conta do assassinato de seu pai, vivendo então na Áustria, Veneza e por último nos Estados Unidos. Só conseguiu retornar à França em 1848. Em 1852, Murat assumiu como Grão-Mestre do Grande Oriente da França, cargo em que permaneceu até 1862.

Nesses dez anos como Grão-Mestre, Lucien Murat realizou uma grande revolução no Grande Oriente da França, o qual cresceu como nunca em número de Lojas e notoriedade. Foi também nesse período que vários traços da antiga Carbonária foram implementados na Maçonaria francesa, entre eles o uso do balandrau. Os maçons do Grande Oriente do Brasil, que tão estreitos laços possuíam e tanta influência sofriam da Maçonaria francesa, a qual havia sempre servido de exemplo e fonte dos ritos então praticados no Brasil – Escocês, Adonhiramita e Moderno – logo também aderiram ao balandrau.

Porém, em janeiro de 1862, o Rei Napoleão III declara o Marechal Bernard Pierre Magnan, um profano, como Grão-Mestre do Grande Oriente da França. O Marechal Magnan é iniciado e elevado até ao Grau 33 do Rito Escocês em apenas dois dias. Magnan desfaz muitas das mudanças promovidas por Lucien Murat. No entanto, o balandrau já havia caído nas graças dos irmãos brasileiros.

Uma das evidências que constata que o balandrau não teve origem no *Collegia Fraborum* ou na Maçonaria operativa é de que é um traje totalmente desconhecido na Maçonaria da Inglaterra, Irlanda, Escócia e Alemanha, países em que a Maçonaria é tão antiga e originária das antigas Guildas quanto na Itália, França e Portugal, ao mesmo tempo em que esses primeiros não tiveram a presença da Carbonária em seus territórios, enquanto Itália, França e Portugal tiveram.

Com base em tais relatos e análises históricas, conclui-se que a afirmação de que o balandrau é uma herança da Maçonaria operativa, apesar de valorizar simbolicamente o balandrau, é totalmente falsa. Fica evidente a influência que a Carbonária, através de Lucien Murat, exerceu sobre o Grande Oriente da França e, consequentemente, sobre a Maçonaria brasileira, sendo o balandrau o mais visível indício disso.

Porém, não se deve deixar de concordar com o Irmão Castellani em uma coisa: a verdadeira vestimenta do maçom é o Avental. Sem ele, o maçom não trabalha.

O Chapéu

Qual a origem do chapéu na Maçonaria, usado pelo Venerável Mestre nas reuniões de Aprendiz e Companheiro e por todos os Mestres nas reuniões de Mestre Maçom?

Uma das obras de José Castellani declara que herdamos o chapéu preto dos judeus ortodoxos e que o chapéu em Loja é a coroa maçônica, influência da realeza europeia, usada pelo Venerável como símbolo de sua posição de liderança.

Afinal de contas, herdamos dos judeus ou dos reis europeus? E os judeus ortodoxos, usam o chapéu preto porque se consideram reis? Não há como misturar uma coisa com a outra, chapéu de judeu com coroa de europeu. Mas Castellani e muitos outros irmãos tentaram.

Se herdamos o chapéu dos judeus ortodoxos, será que não deveríamos adotar também as tranças nas orelhas e a barba longa?

Na verdade, o uso do chapéu na Maçonaria é praticamente inverso ao uso do chapéu pelos judeus. Os judeus utilizam o chapéu obrigatoriamente durante as orações e cerimônias religiosas, em sinal de temor a Deus. Já o maçom utiliza durante toda a reunião e retira o chapéu exatamente nos momentos de orações, em sinal de respeito. Dessa forma, fica claro que o uso do chapéu pelos maçons não tem nenhuma relação com o uso do chapéu pelos judeus ortodoxos, como pensava Castellani.

Já a teoria do chapéu ser um símbolo da coroa maçônica, influenciada pelo símbolo de liderança que distingue o rei dos demais, seria mais plausível, afinal de contas, o Venerável Mestre representar o Rei Salomão, não é mesmo? Porém, por que o Venerável não utilizaria uma verdadeira coroa em Loja? Uma coroa de louros ou flores, ou de metal?

Por que seria um chapéu preto de abas caídas (REAA) ou mesmo uma cartola (Rito de York)? E por que todos os Mestres usariam em reuniões de Mestre, se o representante do Rei Salomão é apenas o Venerável?

Na Grécia Antiga o chapéu era símbolo de sabedoria e liberdade. O famoso escritor maçom Oliver comenta sobre o mesmo significado para os romanos, tendo sobrevivido na Maçonaria desde as Guildas romanas. Sua relação com a sabedoria permaneceu na Idade Média, como os chapéus dos magos denunciavam, os quais foram adaptados para cartolas pelos mágicos. O chapéu representa proteção. Se na prática o chapéu protege a cabeça do dono contra o sol, simbolicamente, o chapéu é como um elmo que confirma e protege a sabedoria que se encontra na cabeça do Venerável Mestre. Assim sendo, o chapéu do Venerável Mestre pode realmente ser interpretado como uma coroa representativa de sua autoridade. Porém, uma autoridade com base na Sabedoria, assim como a de Salomão. E é por serem detentores da sabedoria maçônica que todos os Mestres utilizam o chapéu nos ritos originados na França.

O costume do uso de chapéu pelo Venerável Mestre era um costume na Maçonaria inglesa até a fusão que originou a Grande Loja Unida da Inglaterra. Após a fusão, os antigos costumes foram reformulados para agradar ambas as partes, e a tradição do chapéu simplesmente foi descartada. O único ritual na Inglaterra que mantém o uso do chapéu pelo Venerável Mestre é o Bristol. Em contrapartida, essa tradição permaneceu viva nos Estados Unidos e na França.

Os Punhos

Parte integrante da vestimenta maçônica, conhecida por todos os maçons, em especial aqueles que já experimentaram o desconforto do uso, os punhos fazem parte dos paramentos utilizados pelo Venerável Mestre, Primeiro e Segundo Vigilantes em muitos ritos e rituais, e também é adotado pelos cargos correspondentes de algumas obediências. Sempre em conformidade com o colar e o avental, os punhos completam a vestimenta ritualística desses principais Oficiais.

Mas se todos os Oficiais de uma Loja utilizam colar e avental, por que apenas os Vigilantes e o Venerável Mestre utilizam os punhos? Aliás, qual a origem dos punhos? Por que existem? Qual sua simbologia, significado? Quem deve usar, como e quando?

São milhares de maçons utilizando os punhos sem saber as respostas, de Vigilantes a Grão-Mestres. Para que você não continue utilizando (e odiando) esse acessório sem conhecê-lo, pelo simples fato da falta de uma literatura maçônica decente no Brasil, este artigo responderá tais perguntas.

Esses braceletes que chamamos de punhos são conhecidos nos países de língua inglesa como *gauntlets*. *Gauntlets* podem ser considerados como luvas de cano longo que cobrem a mão e parte do antebraço, usadas para atividades manuais, com intuito de proteger o punho. Esse tipo de luva é muito comum na construção civil e é conhecido por alguns como luva de raspa, por ser geralmente feito de raspa de couro.

Além dos punhos, qual o outro utensílio comum entre os Vigilantes e o Venerável Mestre, utilizado apenas por esses três Oficiais? O malhete. Porém, nos primeiros anos de Maçonaria especulativa, os maçons não tinham templos e utensílios próprios para as reuniões. Eles se reuniam em tavernas e utilizavam os utensílios da Maçonaria operativa. Assim, em vez de belos malhetes trabalhados, utilizavam rústicos maços e, em vez de belas e finas luvas, utilizavam as mesmas luvas grossas e compridas usadas nas construções.

No início, todos os Oficiais costumavam usar tais luvas de pedreiro, rústicas e de manga longa. Mas, com o tempo, apenas aqueles que portavam os maços continuaram a adotá-las, como herança da Maçonaria operativa, enquanto os demais passaram a usar luvas mais sociais. Entre o ano de 1717, quando da fundação da 1ª Grande Loja da Inglaterra, até, pelo menos, o ano de 1813, quando da fusão que originou a Grande Loja Unida da Inglaterra, os dirigentes das Lojas adotaram modelos em que a luva e o punho eram uma única peça. É a partir dessa época que se há os primeiros registros indicando que essas luvas, já feitas em diferentes cores e com bordados nos punhos que identificavam os cargos e Lojas, começaram a surgir em modelos com punhos separados do restante, como se vê atualmente.

Esse desenvolvimento se deu de forma livre e o uso manteve-se baseado na tradição até 1884, quando a Grande Loja Unida da Inglaterra incluiu os punhos como paramento oficial no Livro de Constituições, regulamentando seu uso: combinando com colares e aventais dos Grandes Oficiais, punhos na cor azul escuro com detalhes dourados para os dirigentes da Grande Loja, uso obrigatório; e combinando com colares e aventais dos Oficiais das Lojas, punhos na cor azul claro com detalhes prateados para os dirigentes das Lojas, uso opcional. E, em 1971, a Grande Loja Unida da Inglaterra tornou os punhos também opcionais aos Grandes Dirigentes.

Pela falta de regulamentação apropriada dos paramentos maçônicos por boa parte das obediências maçônicas brasileiras, não existe uma padronização no tamanho, cores, desenhos, detalhes e principalmente no uso dos paramentos. Por esse motivo, ninguém é obrigado a seguir qualquer conduta de uso. Porém, se observada a origem e simbologia dos punhos, os Veneráveis e Vigilantes deveriam usá-los sempre com luvas brancas e apenas em suas Lojas, onde portam malhetes. Já no caso dos Grandes Dirigentes, o uso em toda a Jurisdição estaria correto, mas também sempre acompanhado de luvas.

De qualquer forma, é importante saber o que se usa (e às vezes incomoda), principalmente quando se trata de um importante resquício de nossa origem operativa.

A Acácia

Não vamos entrar em discussão sobre as centenas de espécies de acácia, pois esse não é o objetivo. Tendo a acácia na Maçonaria um papel simbólico, a espécie de acácia pouco nos importa. Vamos ao que interessa.

Como sabemos, os judeus sofreram forte influência dos egípcios durante o tempo em que estiveram naquele território. Assim, muitos traços culturais, sociais e religiosos do Egito Antigo foram incorporados pelos judeus. Como exemplos, podemos citar a lenda de Anúbis, filho ilegítimo jogado no rio e posteriormente encontrado por uma rainha que o cria, e a lenda da arca do dilúvio, as quais foram recontadas pelos judeus e tiveram seus protagonistas rebatizados com nomes judaicos: Moisés e Noé.

O mesmo aconteceu com a acácia, árvore sagrada dos egípcios e adotada pelos judeus. A acácia era matéria-prima para a produção de artigos sagrados no Egito, adotada pela sua alta densidade e durabilidade, não sofrendo ataque de insetos. Sua goma (conhecida popularmente como goma arábica) era utilizada nas cerimônias sagradas de mumificação.

Parece que os judeus aprenderam essa lição, pois a acácia foi a madeira indicada para a construção de todos os importantes objetos sagrados, como no tabernáculo, nos altares e na arca da aliança. O fato de seu uso estar mais concentrado no Êxodo e aos poucos ser substituído pelo cedro e cipreste, confirma essa teoria da influência egípcia.

Até aí tudo bem, mas de onde sairia a inspiração para relacionar a acácia com a lenda de Hiram Abiff? Basta recorrermos a uma das principais lendas egípcias: a lenda de Osíris.

Seth odiava Osíris, que era tido como sábio e poderoso, então resolveu matá-lo. Ele fez um belo caixão com as exatas medidas de Osíris e convidou as pessoas para um jogo: aquele que se encaixasse perfeitamente no caixão, ganharia este de presente. Logicamente, quando a vez de Osíris chegou, o caixão era perfeito, e Seth e seus cúmplices trancaram Osíris dentro do caixão e o jogaram no rio. Sua mulher, Ísis, o procurou por muitos dias. O caixão havia encalhado e sobre ele havia brotado uma acácia. A acácia serviu de indicação para que Ísis encontrasse o corpo de Osíris. Por essa lenda, Osíris é considerado o deus da morte e da imortalidade da alma.

Um corpo sob uma acácia e os ensinamentos sobre a morte do corpo e a imortalidade da alma soam familiar? Daí atribuir à acácia também o significado de segurança, clareza, inocência e pureza, como alguns autores querem, é "viagem" demais.

Deixemos para a acácia sua bela missão de simbolizar a vida após a morte, assim como herdamos dos egípcios. Isso já é o bastante para um único símbolo.

As Espadas na Maçonaria Simbólica

A verdade é que a espada não tinha presença tão forte e tão variados papéis no Antigo Ofício. Nos rituais mais antigos só há uma única espada na Loja: a do *Tyler*, do Cobridor. Espada Flamejante? Nem pensar! E essa "escassez de espada" ainda pode ser vista nas Lojas americanas e inglesas, mesmo quando no grau de Mestre maçom.

Antes de alguém cogitar a ideia de achar estranho um Mestre maçom sem espada ou uma Loja sem Espada Flamejante, raciocinemos: o que é maçom? Nossa Maçonaria especulativa originou-se do quê?

Maçom é pedreiro! A Maçonaria especulativa originou-se da Maçonaria operativa, ou seja, das associações de artífices, sindicatos de pedreiros. Por um acaso os pedreiros usavam espada? Espada é uma ferramenta de trabalho de um pedreiro?

Se você pensar bem, uma espada entre esquadro, compasso, régua, maço, cinzel, nível, prumo, alavanca, é um objeto um tanto quanto estranho e dissonante. Isso porque quem usa espada não é pedreiro. É cavaleiro. E já está mais do que claro que Maçonaria simbólica nada tem com Templários, mesmo Ramsay tendo sonhado o contrário.

Então de onde surgiu essas espadas presentes no grau de Mestre em tantos ritos? Observa-se que a espada como acessório oficial do Mestre maçom está presente nos ritos de origem francesa: REAA, Moderno, Adonhiramita. Isso porque, quando a Maçonaria surgiu na França, foi pelas mãos dos escoceses exilados na França, os stuartistas. As primeiras Lojas eram compostas de nobres escoceses, nobres franceses e militares franceses. Todos esses usavam espadas e parece que elas acabaram adentrando aos templos com certa facilidade. É fácil entender o raciocínio desses pioneiros na França: eles eram nobres e militares. Combinaria mais com eles serem sucessores de cavaleiros medievais do que de pedreiros. Ramsay teria sido apenas o porta-voz da vontade desses senhores.

E a espada flamejante? Ela tem tudo a ver com isso. Quem se ajoelha para ser recebido e consagrado com uma espada sobre a cabeça definitivamente não é o pedreiro, e sim o cavaleiro. E numa Loja em que todos têm uma espada, a espada da sagração, visto ter exatamente o objetivo de sagrar, precisa ser diferente, precisa ser sagrada, imaculada. Daí então as Sagradas Escrituras serviram de inspiração para a adoção de uma Espada Flamejante, cujo porte pelos querubins imprime uma imagem sacra e o fogo simboliza purificação. Por isso, esqueça aquela baboseira escrita por um dos grandes sábios da Maçonaria brasileira, de que a espada flamejante é um raio jupteriano que fulmina o candidato se encostar em sua cabeça. Aconteceu comigo em minha iniciação e eu não morri!

Foi assim que as espadas tiveram ingresso na Maçonaria simbólica, fugindo da simbologia do Antigo Ofício, mas caindo nas graças da burguesia que, até aquela época, não portava espadas e não se sentava na mesma mesa que os nobres. Característica da cavalaria inclusa nas antigas tradições maçônicas, vista por uns como aberração e justificada por outros como evolução.

A Colmeia

Esse importante símbolo maçônico foi ignorado (ou talvez desconhecido) por praticamente todos os escritores maçons brasileiros. Até mesmo a literatura internacional versa pouco sobre esse símbolo, presente desde a cultura egípcia, passando pelos romanos, usado pelos cristãos primitivos e que posteriormente inspirou imperadores, como Napoleão.

Com exceção do ser humano, qual o outro ser vivo trabalha muito e em equipe, vive em comunidade, produz diferentes tipos de materiais, constrói casa para milhares de iguais e tem forte hierarquia e disciplina?

A abelha trabalha duro e sem descanso, não para ela, mas para todas. Ela produz e ela constrói. Ela vive em harmonia com a natureza.

A colmeia é o grande emblema do resultado do trabalho da abelha, da sua capacidade de construir algo em prol de todos. A abelha é o ser construtor, assim como o maçom pretende ser. A partir disso é fácil compreender como a colmeia se tornou um símbolo maçônico presente em antigos estandartes e aventais e no grau de Mestre maçom dos rituais mais antigos de nossa Ordem.

Não se sabe a partir de quando a colmeia passou a constar nos rituais maçônicos, mas já estava presente na Maçonaria desde, pelo menos, o início do século XVIII, como evidencia um catecismo maçônico irlandês datado de 1724:

> "Uma abelha tem sido, em todas as épocas e nações, o grande hieróglifo da Maçonaria, pois supera todas as outras criaturas vivas na capacidade de criação e amplitude de sua habitação. Construir parece ser da própria essência ou natureza da abelha."

Há vários registros de colmeias como parte integrante e de destaque de templos e rituais maçônicos na Inglaterra, Irlanda, Escócia e Estados Unidos no século XVIII. Porém, com a renovação dos rituais em boa parte do Reino Unido a partir de 1813, esse importante símbolo foi de certa forma ignorado, surgindo vez ou outra em Lojas de pesquisa, com exceção da Maçonaria americana, que manteve sua importância no ritual.

Para se ter uma melhor compreensão do significado maçônico da colmeia, segue pequeno trecho adaptado do Monitor de Webb:

> "A Colmeia é um emblema de indústria e operosidade. Ela nos ensina a prática dessas virtudes a todos os homens. Viemos ao mundo como seres racionais e inteligentes. Como tais, devemos sempre ser trabalhadores, jamais nos entregando à preguiça quando nossos companheiros necessitarem, se estiver em nosso poder auxiliá-los (...) Aquele que não buscar trazer conhecimentos e entendimento ao todo, merece ser tratado como um membro inútil da sociedade, indigno de nossa proteção como Maçons."

Enfim, um dos símbolos maçônicos com significado e ensinamentos mais profundos, simplesmente perdido nas brumas do tempo e nas páginas das incontáveis revisões promovidas pelos sábios de outrora. Esse é o verdadeiro símbolo perdido da Maçonaria.

O Nome Inefável

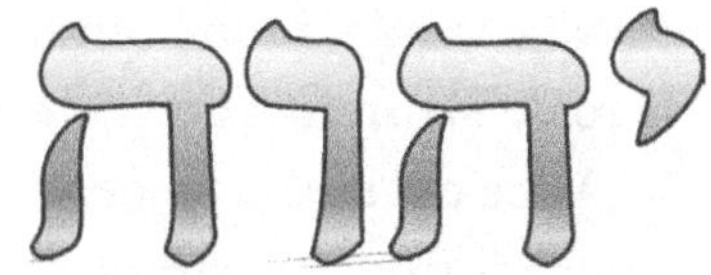

Sejamos sinceros: tem muito Mestre por aí que não sabe o que é o Nome Inefável, sua origem e simbologia. Já outros confundem lendas e teorias místicas que vão além da imaginação dos simples mortais. Entre elas, podemos citar a lenda de que, se você pronunciar o Nome corretamente, terá poderes ilimitados. Tratemos aqui apenas do que é real: o que é Inefável? A palavra inefável descreve algo que não pode ser pronunciado, ou seja, impronunciável, indizível. Seria algo tão sagrado que sua pronúncia seria indevida, restrita apenas aos escolhidos e dita apenas nos momentos apropriados. Assim, o Nome Inefável seria o nome de um Deus eterno, único, onipresente e invisível. Afinal de contas, se só há Ele, então Ele não precisa ser nomeado, e se Ele está presente em todos os lugares, então Ele não precisa ser chamado. Com essa crença, os judeus posicionaram seu Deus acima dos deuses de outros povos, pois Ele não estava vinculado a animais ou aos astros e não possuía concorrentes.

Mas para transmitir as histórias e ensinamentos de sua crença, os judeus precisavam se referir a Ele de alguma forma. Para isso, adotaram títulos como *Elohim* ("autoridade"), *El Shaddai* ("todo poderoso"), *Adonai* ("senhor"), *Elyon* ("altíssimo"), *Ehyeh-AsherEhyeh* ("eu sou o que sou") e outros. Esses títulos foram devidamente traduzidos nas Bíblias tradicionais e são amplamente usados pelas igrejas e seus sacerdotes ao mencionarem o GADU.

Como em todos os povos das mais remotas eras tinham nos sacerdotes os guardiões de algum tipo de segredo ou mistério, com os judeus não poderia ser diferente. Assim, ficou o Sumo Sacerdote, líder religioso do povo judeu, responsável por guardar a pronúncia do verdadeiro nome do GADU e pronunciá-lo apenas quando em cerimônia específica no Templo de Jerusalém. O nome teria sido informado inicialmente a Moisés por Deus através da Sarça Ardente. Dessa forma, o nome servia como uma espécie de senha, um segredo que era transmitido pelo Sumo Sacerdote a seu sucessor e aos reis coroados por ele, sempre de forma ritualística, dentro do Templo.

Na verdade, todo bom judeu sabia como se escrevia o nome verdadeiro de Deus, mas apenas o Sumo Sacerdote e o rei sabiam pronunciá-lo. Você deve estar se perguntando: como isso é possível? Explicando de uma forma bem simplista: o hebraico é uma língua que só se escreve com consoantes. Assim, o leitor judeu precisa conhecer a pronúncia da palavra para pronunciar as vogais corretas. Para quem achar isso um pouco estranho, saiba que produzimos exemplos claros disso todos os dias: vc = você; tbm = também; blz = beleza.

O nome de Deus seria escrito com 4 letras hebraicas correspondentes às letras JHVH de nosso alfabeto, mas como as pessoas nunca haviam escutado a palavra, não sabiam como pronunciá-la. Poderia ser mais de cem combinações: *Jahavah, Jahaveh, Jahavih, Jahavoh, Jahavuh, Jahevah, Jaheveh, Jahevih, Jahevoh, Jahevuh*... Isso sem considerar a hipótese das consoantes estarem misturadas, o que aumenta as possibilidades de combinação para mais de mil.

De qualquer forma, seja pela morte daqueles que a sabiam ou pela destruição do Templo, único lugar onde o nome poderia ser pronunciado, a palavra se perdeu. Uma versão que surgiu com o tempo foi a utilização das vogais de *Ehyeh-AsherEhyeh* com o tetragramaton (alfabeto), o que gerou a versão *Jihaveh* ("Javé", em português). Mas também convencionou-se adotar os sons de Adonai, título mais comum para denominar Deus, em combinação com o tetragramaton, o que gera o nome *Jihovah* (Jeová, em português), que se consolidou como a "versão correta" do nome do GADU, apesar de não existir quaisquer outros indícios para tanto. Por esse motivo, o nome continua sendo inefável para os judeus ortodoxos e muitas outras vertentes religiosas e esotéricas.

Para nós, Mestres maçons, independentemente de qual seja a pronúncia correta, o que realmente importa são os profundos ensinamentos que esse símbolo ilustra. E uma dessas lições é de que, apesar do GADU ser chamado de tantos diferentes nomes e visto de tantas diferentes formas, conforme a cultura, costumes e crenças de cada povo e cada ser, Ele é o mesmo, único, oculto aos nossos olhos, mas presente em nossas vidas.

A Águia Bicéfala

A águia bicéfala, representativa do Rito Escocês Antigo e Aceito, talvez seja o símbolo maçônico mais conhecido depois do Esquadro e Compasso e do Delta Luminoso. Mas qual seria sua real origem na Maçonaria?

Alguns autores insistem em relacionar a águia bicéfala do REAA com a águia de Galash, com Bizâncio e Constantino, com o Império Romano, talvez querendo atribuir ao rito uma antiguidade que não possui. Outros tantos autores afirmam que a águia bicéfala é herança de Frederico, o Grande. Algo ainda mais impossível, pois Frederico nada teve com o REAA e seu escudo de armas era de uma águia negra com apenas uma única cabeça.

Para que se compreenda a adoção de tal símbolo, é necessário voltar à origem do REAA, no Rito de Perfeição, então praticado na França.

Na década de 1950 do século XVIII, a Maçonaria conhecida como escocesa estava se desenvolvendo rapidamente na França, dominando a política interna da Maçonaria naquele país. Foi então que, em 1756, surgiu o Conselho dos Cavaleiros do Oriente, dirigido por maçons da classe média, com o intuito de organizar os Graus Superiores. Já os maçons da classe alta e da nobreza, não desejando ficar para trás e deixar os opositores ganharem poder, criaram o Supremo Conselho de Imperadores do Oriente e do Ocidente. Ora, um Supremo Conselho soa mais do que um simples Conselho, Imperadores são mais do que simples Cavaleiros, e Oriente e Ocidente é o dobro do que apenas Oriente. Dessa forma, esse Supremo Conselho conseguiu prevalecer, se tornando a incubadora do Rito de Perfeição, com seus 25 graus, os quais posteriormente serviram de base para o Rito Escocês Antigo e Aceito.

Como emblema, o Supremo Conselho de Imperadores do Oriente e do Ocidente buscou inspiração no Império Romano que, em seu auge, governou o Oriente e o Ocidente e adotou um sistema de dois governantes simultâneos. Nessa fase do Império, adotou-se a águia bicéfala para simbolizá-lo. O Supremo Conselho encontrou na águia bicéfala o símbolo do Oriente e Ocidente e acrescentou uma coroa sobre as cabeças das águias para simbolizar a realeza, afinal de contas, tratava-se de um Conselho de Imperadores.

Quando do surgimento do Supremo Conselho do Rito Escocês em Charleston, Estados Unidos, com seu sistema de 33 Graus, aproveitou-se o emblema do Rito de Perfeição, da águia bicéfala com a coroa, acrescentando acima dessa um triângulo inscrito com o número 33. Além disso, optaram pela típica águia americana, com as penas da cabeça e da cauda brancas e o restante da plumagem marrom.

Já Lagash, alquimia, passado e futuro, bem e mal, Prússia, liberdade, Bizâncio e Constantino, espírito e matéria, fênix negra, tudo isso já é por conta da viagem de cada autor, não havendo relação alguma com o motivo da águia bicéfala ter sido adotada como símbolo do Rito Escocês Antigo e Aceito.

A Instalação do Venerável Mestre

Esse é um tema um tanto quanto comentado na Maçonaria contemporânea. Há tantas teorias, histórias e invenções sobre o assunto que se torna até difícil tratá-lo de forma concisa.

Você pode ler por aí que Instalação é a mesma coisa que Investidura ou que Posse. Isso não é verdade. Também pode ler que Instalação é um costume que a Maçonaria copiou dos Cavaleiros Templários. Isso é viagem. Talvez você leia em algum lugar que Instalação é uma influência da Igreja Católica na Maçonaria. Isso é besteira. Você pode ainda se deparar com a teoria de que Instalação é uma cerimônia adaptada de um Grau Superior do Real Arco Americano, chamado de Grau de *Past Master*. Essa é uma grande idiotice.

E, se você ler que a Instalação surgiu por volta de 1823, na Grande Loja Unida da Inglaterra, também não acredite.

Em primeiro lugar, instalação significa "ato de instalar", sendo o verbo instalar originado do termo latino *installare*, que significa introduzir na cadeira. Assim sendo, instalação é algo maior do que uma simples investidura ou posse. Os Oficiais são investidos no cargo, tomam posse. Mas apenas o líder é "introduzido na cadeira", ou seja, é instalado.

Esse costume de instalar o Mestre da Loja, de sentá-lo no Trono de Salomão, não nasceu com a Grande Loja Unida da Inglaterra nem com o Ritual de Emulação, tampouco com algum Grau Superior. Pelo contrário, esse costume é mais antigo do que tudo isso e ainda mais antigo que o Grau de Mestre maçom.

Como todos sabem (ou pelo menos deveriam saber), antigamente só havia dois Graus: Aprendiz e Companheiro. Então, os Companheiros escolhiam entre eles aquele para governar a Loja, o qual era instalado na Cadeira do Oriente e chamado Mestre da Loja. Na própria 1ª versão da Constituição de Anderson, datada de 1723, não havia ainda citação do Grau de Mestre Maçom, que só foi acrescentado na edição seguinte, mas já havia o antigo costume de instalar o Venerável Mestre.

Esse costume da Maçonaria inglesa se deveu à cultura monárquica dos britânicos. Afinal de contas, os reis também são instalados no trono quando assumem o posto e, se o Venerável Mestre simboliza o Rei Salomão, então nada mais justo do que ele ser devidamente instalado no trono. Daí muitos estudiosos também relacionam o uso do chapéu do Venerável Mestre com a coroa, e o uso do malhete com o cetro.

Já essa história de que a instalação foi adaptada do Grau de *Past Master* do Real Arco é a típica suposição maçônica: o grau no Real Arco se chama *Past Master* e concluiu-se que esse grau serviu de base para a "instalação" de Venerável Mestre. Na verdade, ocorreu exatamente o contrário: o Grau de Maçom do Real Arco tradicionalmente era restrito a Mestres Instalados. Então, para não restringir o grau apenas àqueles que foram Veneráveis Mestres, foi criado um grau conhecido como *Past Master* Virtual, que é apenas uma instalação virtual para que o membro que não seja um Mestre Instalado tenha o conhecimento mínimo para se tornar um maçom do Real Arco. Portanto, foi a Instalação que serviu de base para o Grau de *Past Master*, e não o contrário.

Outra observação a se fazer quanto à instalação é quem a realiza. O correto é que o Venerável Mestre realize a de seu sucessor. Ele se une com pelo menos três Mestres instalados da Loja ou visitantes e forma o Conselho de Mestres instalados, o qual realiza a instalação. É direito daquele que está deixando o posto entregar o bastão, faixa, colar, malhete ou o que quer que seja ao que está assumindo. Isso faz parte do processo democrático.

Enfim, trata-se de um antigo costume maçônico inglês com valor simbólico importantíssimo para a manutenção da cultura maçônica através das Lojas e, por isso, adotado por praticamente todos os ritos e rituais regulares do mundo.

O Triplo Tau

O Triplo Tau é tido como um importante símbolo maçônico, pois, em muitos rituais e obediências, ornamenta o principal avental da Loja, o do Venerável Mestre, além de compor o emblema do Real Arco. Assim, o Triplo Tau está presente de forma destacada tanto na Maçonaria simbólica quanto nos Altos Graus do Rito de York e do Sistema Inglês Moderno.

Sendo símbolo tão presente e de tanto destaque na Maçonaria, é natural que milhares de interpretações oficiais e extraoficiais surjam para a alegria dos pseudossábios de plantão. Talvez esse seja o maior problema enfrentado internamente na Maçonaria: a constante tentativa de complicar o simples, de dar significados extras e não maçônicos à simbologia maçônica.

Em muitos livros e artigos maçônicos publicados, o Triplo Tau é tido como símbolo baseado numa letra grega utilizada antigamente por hindus e judeus como símbolo da eternidade, do que é sagrado, dos "escolhidos", e que, combinado em três, simboliza o nome de Deus etc. Enfim, descrever todos os significados atribuídos a esse símbolo é um desafio que um único texto seria incapaz de encarar.

Para compreender de forma correta esse símbolo, precisa-se estudá-lo em cada contexto:

O Triplo Tau do avental dos Mestres Instalados

Eu sinto muito informar, mas os três Taus vistos no avental dos Mestres Instalados de muitos rituais e obediências não são Taus.

A simbologia da Maçonaria simbólica é baseada na Maçonaria operativa, e o avental do Venerável Mestre não é diferente. Os três principais Oficiais de uma Loja possuem ferramentas como símbolo: Segundo Vigilante, Prumo; Primeiro Vigilante, Nível; Venerável Mestre, Esquadro. O que parece um Tau, na verdade é um tipo de esquadro, chamado em inglês de T-square, que em português significa equadro-T, mas é mais conhecido por régua-T. Como se sabe, o Mestre da Loja é muitas vezes ilustrado como aquele desenhando na Prancheta da Loja. O esquadro-T, ou régua-T, além de possibilitar o desenho de ângulos retos, é extremamente necessário para se desenhar retas paralelas.

Com a onda esotérica que tanto influenciou a Maçonaria durante os séculos XVIII e XIX, deram a vários símbolos significados místicos, não maçônicos, e o esquadro-T foi uma dessas vítimas. Se fossem Taus, obviamente seriam posicionados com as partes de duas extremidades voltadas para cima, e não para baixo como são.

O Triplo Tau do Real Arco

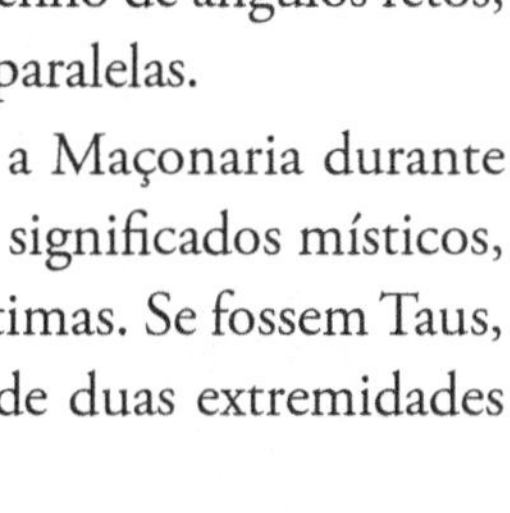

Também sinto em informar que o Triplo Tau do Real Arco americano e inglês originalmente também não é um Triplo Tau.

O símbolo do Real Arco aparenta ser três Taus unidos pelas bases e, com o tempo, esta se tornou inclusive a descrição oficial do símbolo. Mas na verdade o símbolo original é um T sobre um H, sendo a sigla de Templum Hierosolymae, nome em latim do que conhecemos como Templo de Salomão. Por sorte, o primeiro regulamento do Real Arco, datado de 12 de junho de 1765, aponta a sigla TH como emblema do Real Arco e decifra seu significado e em 1766 surgiu a instrução para posicionar o T sobre o H em todo seu uso. Além disso, o famoso maçom Thomas Dunckerley, grande defensor e promotor do Real Arco, deixou essa informação em evidência em correspondência oficial datada de 27 de janeiro de 1792.

Com o tempo e sob a mesma influência esotérica mencionada anteriormente, não foi difícil a união do T com o H num único símbolo e o surgimento de sua denominação como Triplo Tau, o que acabou sendo oficializado com o passar dos anos.

Conclusão

Não existe Triplo Tau na Maçonaria. Existe esquadro-T na Maçonaria simbólica, e T sobre H no Real Arco. O resto é invenção sem base teórica, verdadeiros desrespeitos à Maçonaria e sua história. A simbologia maçônica já é interessante e significativa o bastante, não necessitando de tais enxertos.

2 Desmistificando Conceitos

Conceitos fazem parte da simbologia, pois são as noções, ideias, juízos que se tem sobre determinados assuntos. Assim como os símbolos, os conceitos de uma mesma organização deveriam ser universais, mas muitas vezes não são.

Além de conceitos, um assunto pode gerar também preconceitos, ou seja, ideias preconcebidas de algo que não se tem conhecimento ou cujo conhecimento que se tem é superficial.

Quando se trata de assuntos maçônicos, espera-se que internamente haja conceitos universais, enquanto externamente haja preconceitos diversos. Porém, no cenário maçônico nacional de múltiplos ritos e obediências, e com literatura tão diversa e muitas vezes deficiente, o que se tem internamente são conceitos diversos e vários preconceitos, muitas vezes reforçando os externos.

Este capítulo é dedicado à discussão de vários desses conceitos relacionados a assuntos maçônicos principalmente àqueles assuntos mais polêmicos que, por conta dessa natureza, costumam também gerar preconceitos.

A Maçonaria é realmente Universal?

Primeiro, o que é "universal"? Significa que abrange todos os indivíduos, sem distinção de raça, credo, nacionalidade ou classe social. Então, a Maçonaria é universal?

Vejamos um dos principais *Landmarks* de Mackey, que são os *Landmarks* adotados pela grande maioria das Obediências Maçônicas Regulares:

> "XIX – A crença no Grande Arquiteto do Universo é um dos mais importantes *Landmarks* da Ordem. A negação dessa crença é impedimento absoluto e irremovível para a Iniciação."

Esse importante *Landmark* de nossa instituição exclui os ateus e os agnósticos, visto que o primeiro não acredita em um Ser Supremo, enquanto o segundo acredita que é impossível concluir que realmente existe ou não um Ser Supremo.

Vejamos agora o *Landmark* subsequente:

> "XX – Subsidiariamente à crença em um ENTE SUPREMO, é exigida, para a Iniciação, a crença numa vida futura."

Esse *Landmark* se refere ao dogma da imortalidade da alma, presente na Maçonaria, e, como todo dogma, é um preceito fundamental e indiscutível. Com base nesse dogma, mesmo aqueles que acreditam em um Ser Supremo, mas não creem na imortalidade da alma, são incompatíveis com a iniciação na Maçonaria.

É importante ressaltar que existem algumas religiões que são adeptas do "aniquilacionismo", que é a crença de que a alma é mortal e cessa com a morte do corpo que a hospeda. Entre os cristãos que defendem essa teoria estão as Testemunhas de Jeová, os Adventistas do Sétimo Dia e a Igreja Mundial de Deus. Já entre os judeus estão os Karaim.

Observando isso, pode-se concluir que, com base no quesito crenças, a Maçonaria não é tão universal como se denomina. Porém, entre aqueles que acreditam em um Ser Supremo e na imortalidade da alma, ela realmente está aberta, sem distinções de religiões, raça, nacionalidade ou classe social.

Maçonaria e Fé

A Maçonaria tem como princípio a crença num Ser Supremo, ao qual denominamos Grande Arquiteto do Universo. Mas qual seria esse Deus da Maçonaria, o GADU? Afinal de contas, existem tantos deuses, com tantos diferentes nomes e tantas diferentes qualidades. Qual seria o verdadeiro?

Se a Maçonaria aceita e possui membros de qualquer religião, qual o Deus presente no Altar maçônico? Ou se trata de um Deus específico, o Deus da Maçonaria, e todos ali estão renegando seus próprios deuses? Seria então a Maçonaria uma religião? Isso seria um prato cheio para os fanáticos.

Quando vários maçons estão presentes diante do Altar de um templo maçônico, onde se vê o Livro Sagrado de uma ou mais religiões, além do Esquadro e do Compasso, eles realizam uma breve oração. Ali estão católicos, protestantes, muçulmanos, espíritas, budistas, judeus etc. Eles estão um do lado do outro, como irmãos. E ali, diante do Altar da Maçonaria, só há duas opções de entendimento ao Irmão: ou eu estou orando para o Deus verdadeiro, e aqueles irmãos que professam outras crenças estão orando para falsos deuses; ou nós estamos todos orando para o mesmo Deus, o Criador do Universo, visto de forma diferente conforme as peculiaridades da religião e crença de cada um.

É evidente que o entendimento do verdadeiro maçom é a segunda opção. Ora, se você chama o maçom que está ao seu lado de Irmão, isso significa que você acredita que ambos nasceram do mesmo Pai, foram feitos pelo mesmo Criador, independentemente da fé professada.

O GADU pode ser chamado de vários nomes e títulos, conforme culturas, épocas, povos, religiões: Deus, Pai Celestial, Mestre Maior, Senhor do Universo, Alá, Jeová, Adonai, Zeus, Senhor, El Shadday, Oxalá, Brahma, Rá etc. Até mesmo nos sistemas politeístas, sempre houve e há um Ser Supremo, mais antigo, criador dos demais.

Da mesma forma, o GADU pode ser visto de diversas formas, também conforme as mesmas variáveis: vingativo, clemente, misericordioso, justo, soberano, sustentador, providenciador, organizador, verdadeiro, benevolente etc.

Os homens deram nomes ao GADU conforme suas línguas e culturas. Eles apontaram qualidades ao GADU conforme as histórias de seus povos e a pregação de seus profetas. O único ponto comum em todas as religiões é esse: a existência de um Ser Supremo, Criador do Universo. Se as diferenças na fé sempre foram combustíveis para preconceitos, tirania, atritos e guerras, então apenas o comum pode servir para unir os homens como irmãos.

Maçonaria é isso: ciente da dualidade das forças e respeitando as diferenças, investe no que há de igual nos homens de bem em busca da felicidade da humanidade.

Maçonaria e Islamismo

Introdução

A relação entre Islamismo e Maçonaria sempre foi tema obscuro, delicado, polêmico e, por isso, evitado por muitos autores. Quando das raras vezes abordado, os autores se restringem em citar Lojas e obediências que existiram e existem nos países árabes e, de modo geral, param por aí. Uma postura um tanto quanto incoerente se observarmos os objetivos maçônicos da livre pesquisa da verdade, da busca pela justiça e do combate à ignorância, à intolerância e ao fanatismo.

O objetivo aqui é tentar apresentar algo diferente do que "mais do mesmo", fornecendo informação válida e de forma neutra sobre o assunto e abordando as questões que realmente importam.

Após o triste dia 11 de setembro de 2001, muito se tem falado sobre o Islamismo, o qual teve sua imagem de certa forma manchada no mundo ocidental com o marcante incidente. Apesar dos esforços das autoridades, uma onda de intolerância e preconceito, reforçada pela ignorância, tem caído sobre o Islã e seus adeptos no Ocidente desde então.

Faz-se necessário esclarecer alguns pontos

O Islamismo não é uma religião radical. É apenas uma religião como as demais que, por ter mais de 1,5 bilhão de adeptos, possui algumas vertentes baseadas em diferentes interpretações de diferentes passagens de seu livro sagrado, sendo que apenas uma minoria dessas é radical. O mesmo ocorre no Cristianismo, que também possui suas vertentes minoritárias radicais, fanáticas, baseadas em diferentes interpretações de suas sagradas escrituras. Não é toda mulher muçulmana que usa burca ou véu, assim como não é toda mulher cristã que tem cabelo até o joelho e saia até o calcanhar.

Por isso, não se pode julgar 1,5 bilhão de pessoas presentes em dezenas de países com base em grupos terroristas que agem por si próprios e sem a concordância de qualquer país ou mesmo de autoridades religiosas. E no que se refere à autoridade religiosa, o Islamismo não possui uma hierarquia com autoridade constituída, não existindo um papa ou algo do gênero. Por esse motivo, dizer que existe uma postura oficial do Islamismo sobre determinado assunto seria, no mínimo, imprudente.

Como já esclarecido, não existe uma autoridade que fale em nome da religião muçulmana. Assim sendo, é impossível que o Islamismo seja oficialmente a favor ou contra a Maçonaria. Diferente disso, outras igrejas já se declararam oficialmente contrárias à Maçonaria, como a Igreja Católica e algumas outras Igrejas Cristãs de menor porte. Mesmo assim, isso não impediu que muitos dos fiéis destas, sendo homens livres e de bons costumes, ingressassem na Ordem Maçônica nos últimos séculos.

Alguns maçons podem pensar que a Maçonaria talvez seja incompatível com a fé islâmica por conta de sua simbologia. Afinal de contas, muito da Maçonaria está relacionado ao Templo de Salomão e em muitos graus de muitos ritos vê-se símbolos como letras em hebraico, cruzes etc. Deve-se ter em mente que existem dezenas e dezenas de ritos maçônicos, sendo que alguns têm maior influência de uma ou outra religião, cultura ou época. Assim, temos ritos maçônicos com influências católicas, protestantes, judaicas, iluministas, egípcias, muçulmanas, cavaleirescas, nacionalistas etc.

Ainda neste sentido, observa-se que a Maçonaria é a ordem voltada a homens livres, e essa liberdade também se refere às amarras da intolerância. Um exemplo claro é que muitos dos ritos maçônicos fazem referência a São João, ou aos Santos de nome João, enquanto grande parte de seus adeptos são protestantes. Isso ocorre porque o maçom é homem racional e compreende que a citação de São João não é questão dogmática, e sim referência histórica aos solstícios.

Já Salomão e a construção de seu templo, tão presentes na Maçonaria, ao contrário do que muitos possam presumir, não se encontram apenas na cultura e religião judaica. Esse importante personagem e evento também estão descritos no Alcorão. Para os maometanos, Salomão era um rei dotado por Deus de toda a prudência e sabedoria, um grande profeta como todos os descendentes de Davi estariam predestinados a ser. E sua importância era tamanha que Deus ordenou que os homens e "gênios" obedecessem a suas ordens e trabalhassem na construção de seu templo e palácio.

Gênios? Que gênios?

Esse é um ponto tão interessante que mereceu esse destaque. Os gênios estão presentes na cultura árabe desde tempos imemoriais. Seriam seres criados por Deus, invisíveis, mas que possuem a habilidade de se materializar entre os homens e realizar feitos notáveis. Não são anjos, pois possuem o livre-arbítrio e podem ser castigados ou mesmo aprisionados. Dessas crenças surgiu o famoso gênio da lâmpada, tão explorado em contos infantis. Esses gênios teriam, sob as ordens de Salomão, auxiliado os homens na construção de seu templo.

As duas faces da moeda

A questão religiosa está presente na Maçonaria desde seu início e, apesar de não ser discutida nas Lojas, está mais em voga do que nunca. Prova disso é que, nos últimos anos, os Nobres *Shriners*, instituição maçônica fundada no século XIX com temática e simbologia árabe, vem discutindo sobre a redução dessa influência árabe na instituição. Em contrapartida, as históricas críticas à Ordem dos Cavaleiros Templários, último degrau do Rito de York e restrito aos maçons que professam a fé cristã, continuam mais presentes do que nunca. Qual seria o caminho ideal: a busca pela universalidade ou a promoção das diferenças?

Conclusão

A Maçonaria está para o muçulmano assim como está para o cristão: dependente da ausência de intolerância e fanatismo por parte do fiel e da ausência de ignorância por parte dos demais integrantes.

A durabilidade e sucesso da Maçonaria sempre se deveram ao fato de sua união ser baseada nos pontos comuns e sua riqueza nos pontos diferentes. Enquanto os diversos ritos, ordens internas e corpos aliados proporcionam ao maçom participar daquilo com que se identifica, cujos valores compartilha, todos os membros dessas instituições se sentem integrantes de uma única família e constroem a fraternidade sobre os *Landmarks* que tornam a todos iguais: a crença num Ser Supremo e na imortalidade da alma.

O Dr. SM Ghazanfar, professor emérito da Universidade de Idaho, escreveu em um de seus artigos que "alienantes por aqueles que são diferentes, nós acabamos nos afastando e diminuindo nossa própria humanidade". Que a Maçonaria, essa Sublime Ordem cuja finalidade é a felicidade da humanidade, saiba renovar seu compromisso de unir os diferentes pelo que eles têm em comum.

Cabala e Maçonaria

O que é Cabala?

Cabala é o esoterismo judaico. Existe o "esotérico" e o "exotérico". O exotérico é o conhecimento ensinado ao povo, enquanto o esotérico é o conhecimento oculto no exotérico, restrito aos escolhidos, aos iniciados.

Trata-se de um sistema de simbologia e numerologia de origem judaica que teoricamente serve para desvendar os segredos ocultos na Torá.

Apesar de os cabalistas acreditarem que a Cabala foi transmitida pelo próprio Deus a Moisés, vários historiadores concordam que sua origem é nórdica, baseada na lenda de Odin. Por coincidência, a Capela de Roslin, considerada por muitos como um verdadeiro Templo Maçônico do século XV, possui a lenda de Odin com sua árvore sagrada ilustrada na chamada Coluna do Aprendiz.

O alfabeto hebraico possui 22 letras, enquanto a Cabala possui 22 caminhos que ligam às dez esferas (sefirás) que formam sua estrutura, comumente chamada Árvore da Vida. A árvore da vida é de certa maneira formada por triângulos, quadrados e círculos, três formas geométricas muito comuns na Maçonaria.

Qual sua relação com a Maçonaria?

Muitos são os trabalhos, estudos e livros relacionando a Cabala com a Maçonaria. Alguns chegam a inventar que existe a Cabala operativa e a Cabala especulativa para aproximá-las ainda mais das raízes da Maçonaria. Porém, nenhum autor faz o favor de citar um fato ou documento histórico que liga a Cabala à Maçonaria ou mostrar onde há Cabala na Maçonaria. Tudo é muito vago ou, como alguns preferem, está tudo oculto, nas entrelinhas.

A verdade é que a Cabala se popularizou entre os intelectuais do século XVIII e XIX. E se poderiam haver ensinamentos ocultos na Torá, muitos acreditavam que também poderia haver na Bíblia, nos rituais antigos etc. A busca pelo oculto se tornou obsessão para a classe intelectual dessa época, aproveitando a onda de decadência da Igreja e das Monarquias e o fortalecimento da massa crítica da sociedade. Nessa época, Maçonaria era moda na Europa e várias outras sociedades secretas brotavam nas cidades, prometendo conhecimento oculto. Somente na Maçonaria francesa, mais de 1.000 graus maçônicos surgiram dentro de dezenas de ritos, todos com supostas origens honrosas como Egito Antigo, Palestina, Templários, celtas, Antiga Grécia e outras. O conteúdo e costumes nascidos da Maçonaria operativa tentavam sobreviver em meio a essa avalanche de novas histórias, crenças, símbolos e práticas, todas novas, mas se autointitulando como antigas.

Os criadores dos ritos e rituais chamados Superiores necessitavam de conteúdo para criar tantos graus. Ora, a Maçonaria sempre teve uma relação com o Templo de Salomão, com uma Palavra Perdida. Não há misticismo mais próximo disso do que a Cabala, a moda do momento! A origem judaica e a busca por um conhecimento que se perdeu nas brumas do tempo e pode estar oculto é um prato cheio para aqueles sedentos por conteúdo para enxertar na criação de dezenas de novos graus de um sistema.

Dessa forma, a Cabala foi introduzida na Maçonaria quando da criação dos ritos maçônicos, entre eles, o rito de Heredom, sistema de 25 graus, que deu origem ao Rito Escocês.

Onde pode ser vista a Cabala no REAA?

Sua presença mais evidente está no Templo do Rito Escocês: o Templo, suas mesas e Altar seguem a famosa Árvore da Vida.

Nos templos originais do REAA, o trono do Segundo Vigilante fica no lado ocidental da Coluna do Sul, paralelo ao trono do Primeiro Vigilante, assim como ainda é mantido nos Graus Superiores do REAA. A mudança do Segundo Vigilante para o centro da Coluna do Sul, como podemos observar nas Lojas Simbólicas atuais, somente ocorreu pela influência dos templos ingleses e do Rito de York.

Observando o formato original do Templo do REAA, o mesmo formato em que a Loja de Perfeição é organizada, vê-se claramente a formação da Árvore da Vida: o Átrio, onde os candidatos aguardam para ser iniciados, é onde se inicia a senda maçônica. É o ponto intermediário, que separa o profano do sagrado. Em seguida há a Porta do Templo, no Ocidente, que dá acesso à Luz, a partir de onde se inicia o trabalho. Os tronos dos dois Vigilantes seguem paralelos, em suas extremidades, representando o Venerável Mestre no governo de suas Colunas. Tem-se o Altar dos Juramentos no centro. Observe que o Altar é o único ponto da Árvore em que todos os outros pontos têm caminho direto, menos o Átrio de onde só há acesso ao Altar após atravessar a porta. Isso mostra que todos estão ligados por meio do GADU, representado pelo Livro da Lei no Altar. Seguindo, vê-se as mesas do Chanceler e do Tesoureiro, paralelas. A partir daí, inicia-se o Oriente, onde se vê as mesas do Secretário e do Orador nas laterais e, por fim, a cabeça da Árvore da Vida, ponto mais alto da sabedoria da Cabala, o trono do Venerável Mestre.

Essa herança da Cabala se faz presente nos Templos do Rito Escocês e demais ritos de origem francesa. Já nos templos ingleses (rituais ingleses modernos, após 1813) e nos templos americanos (Rito de York, a partir de 1797), não se observa tal característica, visto os templos serem mais próximos do chamado Antigo Ofício, ou seja, dos costumes da Maçonaria operativa, exatamente por não terem sofrido essa influência ocultista ou esotérica que a Maçonaria da Europa Latina (França, Portugal, Espanha e Itália) sofreu.

A Maçonaria simbólica brasileira, por desconhecimento, promoveu com o passar dos tempos diversas adaptações em seus templos do REAA, desfigurando a Árvore da Vida pela influência de outros ritos. Porém, ela se encontra preservada através dos Graus Superiores, ainda inviolados.

Por que não há registros explícitos disso?

Porque os criadores e líderes dos ritos na época buscavam a atração e aceitação de seus adeptos por meio de afirmações de que o rito surgiu de uma expedição de Napoleão ao Egito ou dos escritos de um antigo Imperador, ou de um pergaminho protegido por um cavaleiro templário que sobreviveu à Inquisição. Era mais interessante do que confessar que se tratava de um trabalho um pouco mais recente, fruto de uma miscelânea de história, parábola, símbolos, com uma pitada de Cabala e outros misticismos.

As Mulheres na Maçonaria

Não há aqui a intenção de imprimir opiniões favoráveis ou contrárias ao ingresso de mulheres na Maçonaria. O objetivo é compartilhar informações e colaborar com a reflexão sobre o tema.

Como se sabe, a Maçonaria tida como regular é restrita a homens, não aceitando, em hipótese alguma, mulheres em suas colunas.

Mas desde o surgimento dos movimentos igualitários e do feminismo, muitos são os questionamentos e críticas sobre a Maçonaria por essa restrição, considerada por muitos conservadora e machista.

Nas últimas décadas, as obediências têm apresentado diferentes justificativas para tal restrição. Sem entrar no mérito de cada uma, é importante conhecê-las, seja para defendê-las, seja para criticá-las.

Cunho Histórico

A Maçonaria atual originou-se da Maçonaria operativa, ou seja, dos pedreiros de ofício. Esses pedreiros eram, evidentemente, homens. Daí, em respeito às tradições e costumes do chamado Antigo Ofício, as obediências mantêm tal regra.

Cunho Social

A Maçonaria especulativa consolidou-se na Inglaterra, de onde surgiu a primeira Grande Loja Maçônica. As Lojas daquela época se reuniam, principalmente, no fundo de tabernas, as quais eram restritas a homens. A presença de uma mulher de bem numa taberna era inaceitável e, consequentemente, nas Lojas também. Com o tempo, as Lojas criaram seus próprios espaços, mas a tradição permaneceu e foi formalizada nas Constituições de Anderson.

Cunho Ocultista

Existem Ordens Solares e Ordens Lunares. As Ordens Solares são voltadas aos homens, à razão, possuem juramentos e segredos, o Sol está presente no simbolismo, e são baseadas no compromisso. As Ordens Lunares são voltadas às mulheres, à emoção, possuem menos hierarquia, a Lua está presente no simbolismo, e são baseadas na devoção. A Maçonaria é tipicamente uma Ordem Solar. Por isso, o ingresso de mulheres seria incoerente.

Cunho Sexual

A Maçonaria é uma fraternidade, e uma fraternidade com reuniões que exigem concentração. O ingresso de mulheres poderia desviar a atenção de alguns maçons durante as reuniões, o que prejudicaria em seu bom andamento. Além disso, a partir do momento em que um homem e uma mulher maçons tivessem uma relação sexual, a fraternidade entre eles estaria prejudicada.

Cunho Legal

As normas de muitas instituições possuem cláusulas pétreas, que são cláusulas imutáveis. Isso ocorre em alguns artigos da Constituição Brasileira, por exemplo, em que mesmo se todos os Deputados e todos os Senadores aprovassem por unanimidade uma mudança, mesmo assim esses artigos não poderiam ser modificados. Na Maçonaria também é assim, possuindo seus *Landmarks*, imutáveis, mesmo se for o desejo da maioria dos maçons.

Cunho Moral

O maçom, quando ainda candidato, durante sua iniciação, presta um juramento de seguir os *Landmarks* maçônicos, os quais incluem o ingresso apenas de homens. Ele poderia se recusar a prestar tal juramento e assim não ingressar na Maçonaria. Mas, ao prestar o juramento e tornar-se maçom, ele assume o compromisso de observá-lo, mesmo que não concorde plenamente com ele.

Essas são as justificativas mais comuns apresentadas e defendidas pelas obediências regulares e autores maçons. Há maçons que acreditam em uma dessas justificativas; outros que acreditam em mais de uma; e há ainda os que não acreditam em nenhuma, mas observam moralmente o compromisso assumido.

Todas essas justificativas são bastante coerentes, ao mesmo tempo em que sempre cabem questionamentos a elas. Afinal de contas, numa instituição como a Maçonaria, pesquisadora da verdade, nada é indiscutível. Porém, há duas questões distintas: a regra e o respeito à regra. Como maçons regulares, todos têm a liberdade de refletir, debater, questionar. Mas como maçons regulares, todos também têm o dever de, enquanto a lei existir, respeitá-la.

É interessante observarmos que instituições tradicionais e antes restritas a homens, como Rotary e Lions, abriram suas portas às mulheres.

Para o Rotary, a decisão veio por força judicial em 1987. Já o Lions aprovou em sua Conferência Internacional a mudança estatutária no mesmo ano, permitindo o ingresso de mulheres.

No caso da Maçonaria, não existe uma autoridade internacional, pois cada obediência é soberana em seu território. Até mesmo a Conferência Mundial das Grandes Lojas Regulares não possui autoridade sobre a legislação das obediências participantes. O que se tem é um entendimento de muitas obediências de que a Grande Loja Unida da Inglaterra, sendo a obediência mais antiga do mundo, é a fiel guardiã das antigas tradições e, por isso, muitas dessas obediências seguem suas recomendações.

Sobre o tema da mulher na Maçonaria, a Grande Loja Unida da Inglaterra se pronunciou em 1999 no sentido de que reconhece a existência da Maçonaria feminina e de que essas instituições são regulares na prática, apesar de não serem regulares na origem. Assumiu também que, de tempos em tempos, tem realizado diálogos informais com as autoridades das Grandes Lojas Femininas da Inglaterra sobre assuntos de interesse mútuo. No mesmo comunicado, a Grande Loja Unida da Inglaterra se declarou contrária à obediência mista presente na Inglaterra, a Grande Loja Direitos Humanos, mas talvez não pelo fato de ser mista, e sim pelas práticas daquela obediência.

Apesar de a Grande Loja Unida da Inglaterra ter dado um sinal que pode ser positivo em longo prazo e que pode vir a influenciar as demais obediências mundiais, a maior resistência não vem do Velho Mundo, e sim do novo: a Maçonaria americana representa ¼ das obediências regulares e quase a metade de todos os maçons do mundo. E o conservadorismo americano, também presente na Maçonaria, indica que o mais próximo de uma mulher adulta se reunir em um templo da Maçonaria regular dos Estados Unidos é e será através da Ordem da Estrela do Oriente.

De qualquer forma, esse sempre será o grande paradoxo da Maçonaria: acompanhar a evolução da sociedade, se modernizar, sem abrir mão das antigas tradições que tanto defende e preconiza. O que pode ser modernizado? O que deve ser mantido? Talvez esse seja o grande mistério da Maçonaria de hoje.

Respostas às críticas

Desconsiderando as críticas absurdas, aquelas baseadas em crenças idiotas, frutos da ignorância e do fanatismo, ofensivas a qualquer indivíduo de inteligência mediana e um pouco de bom senso, dediquemos um pouco de nosso tempo a responder as demais críticas, relativas ao caráter político, econômico e social da Maçonaria.

1. A Maçonaria é direitista.

R. A Maçonaria, pelo seu caráter universalista, não assume posição política e proíbe discussões político-partidárias em suas reuniões, mas sempre incentivando seus membros a terem e defenderem suas convicções políticas, em defesa da democracia e da soberania da pátria, atributos ligados à Liberdade, a qual faz parte da tríplice divisa maçônica. Por esse motivo, encontra-se nas fileiras maçônicas filiados e líderes em vários níveis de todas as vertentes políticas.

A Maçonaria, refletindo a sociedade em que está inserida, pode possuir maioria dos membros socialista em Cuba e capitalista nos Estados Unidos. E nem por isso a Grande Loja de Cuba ou qualquer Grande Loja Estadual dos Estados Unidos tem oficialmente uma ou outra posição, pois abrigam também membros de diferentes convicções políticas, econômicas e sociais.

2. A Maçonaria é conservadora, tendo resistência em acompanhar os avanços da sociedade.

R. A Ordem Maçônica é instituição não dogmática, e seu funcionamento é em regime aberto. Isso significa que a Maçonaria não possui dogmas que restringem seus membros em quaisquer questões, podendo eles militarem contra ou a favor de qualquer questão que não restrinja a liberdade de si mesmo e do próximo. Os maçons não são monges e não vivem trancafiados nas Lojas Maçônicas. Eles vivem na sociedade e apenas frequentam as reuniões maçônicas durante algumas horas por semana ou quinzenalmente. Como instituição filosófica, espiritualista e humanista, a Maçonaria defende a livre e irrestrita busca da verdade. Há maçons conservadores e liberais, e aqueles que se submetem a qualquer dogma o fazem por suas convicções pessoais, e não pela Maçonaria. Novamente, refletindo a sociedade, numa comunidade mais conservadora pode haver mais maçons conservadores, assim como o contrário.

3. A Maçonaria é machista.

R. Essa ideia de que a Maçonaria é machista é baseada no fato de que a Maçonaria regular só aceita homens como membros. Para entender melhor essa questão, leia o artigo sobre as mulheres na Maçonaria.

4. A Maçonaria é inimiga declarada da Igreja Católica.

R. Apesar de uma Ordem presente no mundo inteiro, a Maçonaria não possui um poder central internacional, pois cada Grande Loja no mundo, seja composta de três ou de 3.000 Lojas, é independente e soberana. Não existe um Grão-Mestre Internacional, nem mesmo um Conselho que possa falar em nome de toda a instituição. Por esse motivo, afirmar que a Maçonaria é a favor ou contra qualquer instituição religiosa é, no mínimo, calúnia. Por outro lado, a Igreja Católica já emitiu algumas bulas papais contrárias à Maçonaria, ameaçando penalidades aos católicos que ingressassem na Ordem. O que também não impediu que vários padres buscassem a Maçonaria e se tornassem maçons ao longo da história. Algo que acontece até os dias de hoje.

5. A Maçonaria é uma espécie de pirâmide, que favorece financeiramente seus membros.

R. Ninguém ganha dinheiro com a Maçonaria, mas posso garantir que se gasta muito com livros e taxas de manutenção de nossos templos, estruturas administrativas e projetos sociais.

6. O maçom é obrigado a favorecer o outro em nome da fraternidade.

R. Sendo o maçom um homem que assumiu solenemente compromisso de busca e promoção da justiça em todos os momentos de sua vida, ele está moralmente impedido de favorecer quem quer que seja, independentemente se Irmão maçom ou irmão de sangue. Se um maçom, num momento de fraqueza ou desencaminho, solicitar a outro algum tipo de favorecimento, este último tem a obrigação fraterna de recordar o primeiro dos preceitos maçônicos. O auxílio maçônico refere-se a situações de socorro em momentos de risco ou necessidade e abrange não somente o maçom, mas também sua família.

7. A Maçonaria faz pouco pela sociedade.

R. Ao contrário do que alguém possa pensar, a Maçonaria não é uma ONG de ação social, um clube de serviço ou uma sociedade com fins filantrópicos. A Ordem Maçônica é uma espécie de escola, cujo objetivo é o desenvolvimento moral, intelectual e espiritual de seus membros. É através de seus membros vivendo e agindo segundo os princípios maçônicos e em defesa de seus ideais que a Maçonaria espera colaborar para uma humanidade mais feliz. Por esse motivo, a filantropia não é seu fim, mas apenas um de seus meios. Porém, o interessante a se observar é que, mesmo não sendo a sua natureza, a Maçonaria tem desenvolvido excelentes projetos sociais em todo o mundo. A diferença é que a Maçonaria costuma ser discreta, não fazendo publicidade de seus atos em prol do próximo.

8. A Maçonaria faz parte da Nova Ordem Mundial, movimento que tem a intenção de governar o mundo, influenciando os governos a agir conforme seus interesses.

R. Se a Maçonaria, como explicado anteriormente, não possui uma representatividade internacional, como poderia participar de um "complô mundial"? Além disso, as únicas menções sobre essa tal Nova Ordem Mundial só são encontradas em sites de fanatismo religioso e em teorias conspiratórias sem qualquer indício aceitável.

Essas são apenas algumas das várias críticas sobre a sublime instituição, muitas delas heranças de campanhas difamatórias que a Ordem sofreu em outras épocas. A única culpa que a Maçonaria carrega é a de se basear no sigilo, enquanto é da natureza do ser humano recear o desconhecido e divagar sobre ele.

Maçonaria e Internet

Existe uma turma mais conservadora na Maçonaria que acredita ser a internet a decadência dela. Para esses, a internet vem promovendo uma banalização da tradição e ensinamentos maçônicos ao tornar acessível todo tipo de material literário maçônico que se possa imaginar.

O engraçado é que, enquanto a internet é algo relativamente novo faz pelo menos três séculos que a Maçonaria tem enfrentado ataques, principalmente com livros e bulas papais. A internet é apenas um meio de comunicação. Não é a internet que causa algum mal à Maçonaria, senão a ignorância, a intolerância e o fanatismo dos homens.

Faça um exercício simples: vá até um parente ou amigo que não seja maçom e pergunte se ele já visitou algum site ou blog de Maçonaria. Provavelmente você escutará um não, por não ser um assunto de interesse dele. Na internet, assim como em qualquer outro meio, a literatura não cai no seu colo, você tem que procurar. E só procura por um tema aquele que se interessa por ele. Aqueles que leem sobre Maçonaria na internet são, quase que em totalidade, maçons. Os curiosos são pouquíssimos, e para esses há também uma infinidade de livros nas livrarias e bibliotecas de todo o país. A culpa definitivamente não é da internet.

Faça outro exercício: pesquise os sites antimaçônicos na internet. Esses sites argumentam de forma intolerante contra a Maçonaria e realizam interpretações literais distorcidas e equivocadas de frases isoladas de obras maçônicas. Verifique se as fontes maçônicas usadas por esses movimentos fanáticos são sites da internet ou se são livros. Você irá descobrir que utilizam uma densa bibliografia maçônica de autores consagrados como Pike, Mackey e Oliver. Mas nenhum site ou blog maçônico.

Mesmo assim, o preconceito dos mais conservadores para com a Maçonaria na internet e os Irmãos que a promovem ainda é forte. E, por conta disso, pode-se ver um grande contraste de conceitos dentro da instituição: por um lado, você tem os maçons escritores de livros, cujos livros estão disponibilizados nas livrarias de qualquer shopping do país, acessíveis a qualquer um disposto a pagar. Esses são considerados pelos conservadores como os intelectuais de Maçonaria, imortalizados pelas páginas impressas. Por outro, você tem os maçons blogueiros, cujos blogs proporcionam literatura maçônica diária, gratuita e de qualidade aos Irmãos. Esses últimos são considerados pelos conservadores muitas vezes como os traidores da Ordem.

Mas a verdade é que tanto o autor de livros como o blogueiro fazem a mesma coisa: escrevem. Ambos são escritores, apenas publicando em formatos diferentes. Não se deve julgá-los pelo meio de publicação, e sim pelo conteúdo que produzem.

Há ainda outros pontos a serem considerados. No caso dos livros maçônicos publicados, seus preços são relativamente altos, visto a leitura ser específica, não havendo economia de escala; há a necessidade de o Irmão se deslocar até uma grande livraria ou comprar pela internet, o que gera um custo de frete e demanda tempo; são poucas as editoras que publicam o gênero, o que faz com que as obras demorem muito a estarem prontas. Em contrapartida, as editoras servem como "filtro", em que "grandes aberrações" não costumam ser publicadas, além de os livros serem mais densos, proporcionando conteúdo mais completo sobre o tema abordado.

Já no caso dos blogs maçônicos, o prazo entre a produção e a publicação é praticamente inexistente, assim como o prazo para acesso ao conteúdo; os escritores não são reféns da boa vontade de editoras; o conteúdo é gratuito e a publicação e distribuição não ficam restritas geograficamente. Porém, não existe um filtro de qualidade, o qual deve ser feito pelo próprio leitor, e o conteúdo é, necessariamente, resumido.

Enfim, cada meio possui os seus prós e contras. O sociólogo canadense McLuhan estava certo em sua afirmação de que "o meio é a mensagem", pois o meio impacta diretamente no formato e modo de transmissão da mensagem e, consequentemente, sua absorção. Mas até McLuhan manteve o conteúdo isento de tal conceito.

O que o maçom de hoje precisa ter em mente é que esse é o mundo em que vivemos. Blogueiros são convidados para cobrir grandes eventos, entrevistam presidentes da república e dão entrevistas para rádios, revistas e programas de TV. Um curioso não descobrirá mais ou menos sobre Maçonaria com um blog do que visitando uma livraria ou biblioteca pública. Seja livro, blog, revista, site ou jornal, todos são escritores e quase nunca se restringem a um único meio.

Por isso, valorize o escritor maçônico. Valorize aqueles Irmãos que se preocupam em compartilhar conhecimento com os demais. O meio pouco importa, desde que o conteúdo chegue aos Irmãos; faça-os refletir e colabore em seus desenvolvimentos.

O Visitante e o Ritual

Apesar de ser um tema um pouco polêmico, e por isso é certo que alguns Irmãos discordarão do aqui exposto, sua abordagem é importante para a promoção da reflexão e do debate entre os Irmãos.

Existem três forças que, apesar de distintas, estão relacionadas: a regra legal, que é imposta; a regra social, que é respeitada; e a educação, maçonicamente chamada de bons costumes, que leva o cidadão a respeitar a regra social e a obedecer a regra legal.

No Japão há uma antiga tradição de tirar os sapatos para entrar em casa. Se você está no Japão e visita a casa de um japonês, é claro que você tira os sapatos. Não é por você não ser japonês que desrespeitaria tal regra social. Da mesma maneira, um japonês, ao visitar o Ocidente, não sai tirando os sapatos em todo lugar que entra, pois respeita as convenções sociais daqui.

Já na Inglaterra, as mãos do trânsito são invertidas: os carros trafegam pelo lado esquerdo da via, com o lado direito do carro voltado para o centro. Quando você vai para a Inglaterra, é evidente que você não teima e dirige como se estivesse no Brasil. Assim como um inglês no Brasil não dirige na contramão. Ele segue nossas regras legais.

Existem também instituições cujos regimentos exigem do homem o uso de terno e gravata. Poderia um pescador que nunca usou uma gravata exigir sua entrada de bermuda e chinelo? E um índio que ingressa nas Forças Armadas, está dispensado do uso de uniforme por conta de sua cultura?

Seja numa casa no Japão, numa rua de Londres, num fórum de uma cidade, num quartel no meio da selva ou em qualquer outro lugar do mundo, as pessoas de bem respeitam as regras sociais e se sujeitam às regras legais do local onde estão. Na Maçonaria, fraternidade de cidadãos exemplares, todos são homens livres e de bons costumes, isso não deve ser diferente.

Muitas vezes, porém, assistimos a simbologias e ritualísticas serem quebradas por visitantes crentes que devem seguir as regras de suas Lojas, e não da Loja que estão visitando. Uns não respeitam o modo de circulação do rito adotado pela Loja visitada, talvez com receio de estarem ferindo o que aprenderam em suas próprias Lojas. Outros Mestres maçons, insistem em utilizar todos os paramentos e acessórios maçônicos de um Mestre ao visitarem uma Loja no grau de Aprendiz de outros ritos, porque assim é feito no seu rito. Esses últimos ignoram o fato de que na maioria dos ritos o uso do chapéu numa Loja de Aprendiz é restrito ao Venerável Mestre, sendo representativo de sua autoridade e do governo da Loja, simbolismo esse muito bem reforçado nas instalações. Quando, nesses casos, visitantes utilizam chapéu, estão anulando a representatividade da autoridade do Venerável Mestre anfitrião e, de certa forma, ferindo o simbolismo do rito visitado.

As regras, simbolismo e ritualística de seu rito alcançam somente as reuniões dele. Ao visitar Lojas de outros ritos, respeite as regras sociais e siga as regras legais delas. Não importa se na sua Loja o certo é assim ou assado. Os bons costumes, que todo maçom deve observar, ditam que, na casa dos outros, você tem que dançar conforme a música. Como muito bem ensina o ditado: "Quando em Roma, faça como os romanos".

Vai de Escada ou de Elevador?

A Maçonaria é um sistema de progresso moral, intelectual, filosófico e espiritual baseado em alegorias, símbolos e dramas transmitidos por meio de rituais. Os rituais compreendem graus que, quando sequenciais, compõem um rito. Dessa forma, ao vencer cada grau, o maçom vai progredindo na senda maçônica. E, por conta do progresso, essa trajetória é constantemente ilustrada como uma escada. Por conta de ser uma escada relacionada ao aperfeiçoamento do ser humano, não é raro os maçons a chamarem de Escada de Jacó.

Para ser considerado apto ao ingresso no grau seguinte, é comum a exigência de requisitos, como presença mínima nas reuniões, apresentação de um trabalho sobre os ensinamentos do grau em que se encontra e passagem por uma sabatina. Em outras palavras, Maçonaria é uma escola.

O Rito Escocês Antigo e Aceito, o mais conhecido dos maçons brasileiros, é composto de 33 graus. Do primeiro degrau até o topo dessa escada costuma-se demorar, no mínimo, seis anos. Isso porque existem interstícios a serem respeitados que garantem esse tempo mínimo. Por esse motivo, muitos maçons gostam de chamar o Rito Escocês de Faculdade de Maçonaria.

E por que alguém frequenta uma escola? Para aprender, claro! Mas em uma faculdade, existem geralmente dois tipos de estudantes: os que estão ali pela vocação, pela vontade de aprender, e os que só querem o diploma, o título. Aqueles com vocação e vontade são assíduos, participativos, esforçados, estudiosos e comprometidos. Já os outros são ausentes, relapsos, enrolados, picaretas. Na Maçonaria isso não é diferente.

Contudo, no universo acadêmico existe uma alternativa para aqueles interessados apenas no título e que possuem o desvio de caráter da desonestidade. Para esses vaidosos desonestos existe um "atalho" que é a compra de diploma, um crime ainda frequente no Brasil. É claro que não se compra o conhecimento, que só pode ser conquistado. Mas para esse tipo de indivíduo, o título já é o bastante para satisfazer seus interesses.

De uma forma geral, existem três formas de se comprar um diploma: por meio de uma instituição corrupta, por meio de um funcionário corrupto e por meio de um fraudador. O primeiro caso é claramente o mais grave, pois o crime não é cometido por um indivíduo, mas por uma instituição. Uma faculdade que vende diplomas, além de criminosa, não somente coloca em risco a qualidade dos serviços prestados pelos beneficiados pela compra, como prejudica a honra de seus estudantes honestos.

Infelizmente, ainda existe esse tipo de faculdade no Brasil e, mais uma vez, na Maçonaria não é diferente. São vários os casos de maçons passando por todos os graus superiores de um rito em um único final de semana. Esse lamentável fenômeno é conhecido por muitos maçons como "elevador de Jacó". O termo significa que o sujeito, em vez de subir degrau por degrau, "pega um elevador e vai direto para a cobertura".

Sendo a Maçonaria uma escola, sua finalidade é ensinar. E sendo o maçom um estudante, seu objetivo é aprender. Sempre que um Corpo Maçônico ou um maçom fugir disso, estará cometendo um crime. Não um crime legal, mas um crime moral. Um crime perante os maçons e instituições maçônicas honestas deste país.

O fenômeno ocorre no Brasil desde a chegada dos primeiros ritos maçônicos, há quase duzentos anos, e possui permissão estatutária. No início, tinha-se a desculpa da necessidade de se formar rapidamente uma base para a consolidação dos ritos. Mas, atualmente, em pleno século XXI, essa demanda não mais existe. A "subida súbita" tem servido apenas para atender os caprichos de alguns poucos "profanos de avental", e sido motivada por interesses políticos das instituições fornecedoras.

Os usuários do "elevador" nada sabem e, portanto, nada podem ensinar. Dessa forma, tal prática, assim como ocorre no mundo acadêmico, também é prejudicial ao desenvolvimento da Maçonaria. Mas cabe a cada um dos estudantes exemplares trabalhar para a mudança dessa realidade. Aí, quem sabe, essas escolas de moral possam ensinar também com o exemplo.

Arte Real: Memorização e Retórica

A Maçonaria é comumente chamada de Arte Real, e não é à toa. O Mestre maçom, sendo um artista da Arte Real, deve trabalhar como tal. Deve conhecer as Sete Artes Liberais, dentre as quais está a Retórica. E sendo a Maçonaria uma instituição que ensina por meio de símbolos e alegorias contidas em histórias e diálogos encenados, cada Oficial é um ator, que deve ter como objetivo primário transmitir a mensagem da melhor forma possível.

Um protagonista de novela ou seriado tem que memorizar páginas e mais páginas diferentes a cada dia para interpretar as falas de um episódio muitas vezes transmitido uma única vez, cujo objetivo do programa é apenas o entretenimento. Então por que um Oficial de uma Loja Maçônica não pode memorizar três ou quatro pequenas frases de seu cargo, as quais ele sabe que repetirá dezenas e dezenas de vezes durante, pelo menos, um ano inteiro, sabendo ele ainda que o objetivo do ritual é instruir?

O exemplo inicialmente dado demonstra claramente que uma mensagem lida não alcança o espectador ou participante com a mesma proporção e intensidade que uma mensagem declamada. A Maçonaria possui muitas belas e importantes mensagens, as quais merecem ser transmitidas na devida forma.

Restauração Maçônica

Já dizia o ditado: a grama do vizinho é sempre mais verde. Na Maçonaria não é diferente. O que alguns maçons brasileiros gostariam de mudar na Maçonaria daqui é exatamente o que alguns maçons norte-americanos gostariam de adotar lá.

Existe uma parcela significativa de maçons brasileiros que questiona o modelo tupiniquim da Arte Real, indicando que é um modelo antiquado, que segue a direção contrária do caminho trilhado pela sociedade contemporânea. Esse grupo, discreto e não organizado, porém constante e crescente, costuma apontar como pontos negativos na Maçonaria brasileira, entre outros:

- **A formalidade e restrições do traje maçônico:** quase todas as Lojas têm funcionamento na noite dos dias úteis, o que obriga o maçom a, muitas vezes, ir direto do seu trabalho para a Loja. A obrigatoriedade do terno preto com camisa branca e gravata preta ou outra cor conforme rito acaba por atrapalhar a rotina de muitos membros, principalmente aqueles que não adotam traje social em seus locais de trabalho ou utilizam uniformes em suas profissões. Muitas vezes, um maçom deixa de realizar visitas espontâneas a outras Lojas por conta da vestimenta não adequada.

- **As reuniões semanais e exigência de presença:** para eles, reuniões semanais são um excesso na sociedade em que vivemos, em que um maçom geralmente tem várias outras atividades e compromissos sociais, profissionais, educacionais, intelectuais, religiosos, políticos, filantrópicos e familiares a atender. Por isso, defendem uma periodicidade quinzenal ou mensal. Além disso, a obrigatoriedade de presença mínima com punição prevista por descumprimento acaba por afastar muitos maçons voluntária ou involuntariamente. Às vezes se perde valorosos membros que, por serem muito atuantes na sociedade, não conseguem se fazer presentes em Loja o quanto se exige.
- **Os poucos membros iniciados:** enquanto muitos membros abandonam a Maçonaria por conta dos mais diversos fatores, as Lojas têm feito cada vez menos Iniciações e de menos candidatos, o que tem esvaziado os templos e desmotivado ainda mais os maçons remanescentes. Vê-se então um verdadeiro déficit maçônico. Isso enfraquece a Maçonaria e a torna mais velha e, muitas vezes, retrógrada.
- **A cultura de Lojas pequenas:** quando uma Loja no Brasil consegue romper a barreira da inércia e crescer, muitos Irmãos começam a defender a criação de uma Loja nova com parte de seus membros, até com a desculpa de evitar disputas eleitorais e de fazer a Maçonaria crescer (pelo menos em número de Lojas). Já os críticos acreditam que quanto maior uma Loja for, melhor. Uma Loja com muitos membros tem mais condições financeiras para filantropia, pode exercer maior "barganha social" junto às autoridades locais e enfrenta menos dificuldades de funcionamento.

Com tais argumentos, esses maçons defendem uma mudança na Maçonaria brasileira de forma a torná-la mais flexível com os critérios de vestimenta, periodicidade, presença e seleção de membros. Uma Maçonaria maior e menos rigorosa, mais "adequada" aos dias atuais.

Em contrapartida, um grupo de maçons norte-americanos pensa exatamente o contrário. Vivendo uma Maçonaria nos moldes da desejada pelos seus antagônicos brasileiros, sem rigidez na vestimenta e com reuniões quinzenais ou mensais em Lojas que possuem centenas de membros, mas que contam com presença de apenas uma dúzia por sessão, eles desejam mudanças.

Em 2001 eles criaram nos Estados Unidos a Fundação da Restauração Maçônica (em inglês *Masonic Restoration Foundation* – http:// traditionalobservance.com), com o objetivo de promover o que eles chamam de Observância Tradicional, que é exatamente a implementação em Lojas Regulares de características encontradas na Maçonaria latino-americana, como: vestimenta social uniforme; Câmara das Reflexões; mais reuniões; exigência de presença; iniciação de um candidato por vez; Lojas pequenas e com foco na instrução de seus membros. As Lojas continuam filiadas à Grande Loja Estadual e trabalhando no Rito de York, apenas adotando algumas dessas mudanças em seu *modus operandi*.

Apesar de dez anos de existência, o movimento americano tem apresentado pouco desenvolvimento: até agora, apenas umas 30 Lojas em todos os Estados Unidos adotaram o modelo sugerido. Para se ter uma ideia, o Real Arco, um ilustre representante do modelo maçônico norte-americano em terras brasileiras, cresceu no Brasil quase três vezes mais nesse mesmo período, e nossa Maçonaria corresponde a apenas 1/7 do tamanho da Maçonaria dos Estados Unidos.

De qualquer forma, é importante destacar que os pontos em questão são em geral de cunho administrativo e, independentemente se rígidos ou flexíveis, nada impactam no Rito praticado, na qualidade ritualística, no respeito aos *Landmarks* ou mesmo na filiação à obediência. Como prova disso, pode-se observar que nos Estados Unidos, onde há uma maior flexibilidade administrativa e menor quantidade de reuniões, os Oficiais das Lojas exercem suas funções ritualísticas de memória e as regras de conduta são muito mais rígidas. Enfim, não há modelo melhor ou pior. A questão é na verdade sociocultural e, sendo sociocultural, é sim mutável.

Nesse contexto, cada Loja deveria ter a liberdade e soberania para funcionar como acredita ser melhor e mudar quando achar conveniente. Porque, na verdade, não importa se é uma Loja de dez ou de cem membros, se tem reuniões toda semana ou uma vez por mês, se inicia um ou cem candidatos por ano, se os membros usam jeans ou smoking. O que importa é se é uma Loja justa e perfeita, onde se ensina o homem livre e de bons costumes a ser um maçom, um construtor de uma sociedade melhor e mais feliz. O conhecimento, a excelência ritualística e a preservação das tradições maçônicas não dependem da roupa que se veste, da quantidade de irmãos e de reuniões ou do tamanho da Loja. Depende, apenas, do trabalho sobre a pedra bruta que somos.

De tudo isso, tira-se uma importante lição para a Maçonaria brasileira: as obediências deveriam se preocupar menos com a regulamentação do funcionamento das Lojas e mais com a produção de material de estudo de qualidade para elas, enquanto os maçons deveriam se preocupar menos com a cor da camisa do outro e mais com o conteúdo das reuniões.

Antes de procurar mudar o modo como a Maçonaria funciona, deve-se procurar compreender o que é a Maçonaria e por que ela existe. Então talvez optemos pela restauração, não da forma, e sim dos valores.

Aprendendo com os Irmãos do Norte

Já dizia o jargão: "O povo que não conhece sua história está fadado a repeti-la". Há outro que ainda diz que "Enquanto o inteligente aprende com seus próprios erros, o sábio aprende com os dos outros". Talvez a Maçonaria brasileira possa aprender algo com tais lições populares ao conhecer um pouco da história dos Irmãos do Norte, os norte-americanos.

A Maçonaria americana soube explorar o crescimento econômico para promover seu próprio crescimento. Os números indicam que, enquanto no ano de 1850 estima-se que havia algo em torno de 70 mil maçons nos Estados Unidos, esse número chegou a mais de 800 mil em 1900 e incríveis mais de três milhões em 1929, antes da Grande Depressão. Daí em diante, experimentando "picos e vales" por conta das Guerras, a Maçonaria americana alcançou seu auge em 1959, com mais de quatro milhões de membros, o que representava quase 10% da população masculina adulta do país. Até que chegaram os anos 1960.

No início dos anos 1960, o perfil dos maçons americanos era: homens brancos, adultos, patriotas, conservadores, protestantes. E naquela década os Estados Unidos começaram a experimentar uma verdadeira revolução cultural. Foi a época do surgimento do movimento hippie, baseado no lema paz e amor e no do sexo, drogas e *rock and roll.* Enquanto os maçons estavam com seus cabelos bem cortados e penteados, vestidos de terno e entoando um discurso patriótico, os seus filhos estavam criticando as guerras e suas razões, questionando as leis e promovendo novos estilos de vestimenta e de vida.

O reflexo desse atrito cultural da década de 1960 foi claro nas décadas seguintes: aqueles maçons do início dessa década foram falecendo, enquanto os jovens agora adultos, não se interessavam em ingressar na Maçonaria, crendo ser uma instituição retrógrada. Mesmo em famílias de grande tradição maçônica, em que os membros eram maçons há gerações, os jovens se mostraram resistentes. Os números foram caindo ano a ano e, em 2007, a quantidade de maçons nos Estados Unidos chegou a um pouco mais de 1,4 milhão.

Como tentativa de reduzir esse déficit constante, algumas Grandes Lojas começaram a facilitar as coisas, promovendo o que podemos chamar de curso intensivo de Maçonaria: os candidatos podiam ir de Aprendiz a Mestre em apenas um dia. Além disso, partiram para o ganho de escala, promovendo iniciações de centenas e até milhares de candidatos de uma única vez.

Uma estratégia muito comum atualmente é o alto investimento em propaganda, incluindo vídeos em que atores representando George Washington e Benjamin Franklin falam com paixão sobre a Ordem. Esses vídeos têm se multiplicado pela internet e vêm apresentando bons resultados, com a inclusão de milhares de novos membros às Lojas. Porém, nada perto de antes dos anos 1960.

A queda no número de membros continua nos Estados Unidos, principalmente nos altos graus dos ritos. Por conta disso, os *Shriners*, principal braço filantrópico da Maçonaria americana, precisaram mudar suas regras:

antes, um maçom precisava ser Grau 32 do Rito Escocês ou Cavaleiro Templário do Rito de York para solicitar ingresso. Desde 2000 esse requisito caiu e agora basta ser Mestre maçom para ingressar. Quando os *Shriners* tomaram essa decisão, como uma forma de sobreviver à queda constante, isso gerou um grande problema aos Altos Corpos dos Ritos, que não tinham mais o incentivo da obrigatoriedade exigida pelos *Shriners*.

É interessante que os Irmãos do Hemisfério Norte não estejam preocupados em atacar a causa, ou seja, a imagem "careta" da Maçonaria perante a sociedade norte-americana e sua cultura organizacional extremamente formal para os padrões sociais atuais. Eles estão focados em reduzir os efeitos.

Ao que tudo indica, a Maçonaria brasileira está vivendo os anos 1960 dos Estados Unidos: seus membros estão envelhecendo e os jovens não estão interessados em suas fórmulas, pois enxergam na Maçonaria uma instituição conservadora. Saberemos aprender com os erros dos outros? Atacaremos a causa ou também os efeitos? Disso dependerá o futuro de nossa Maçonaria. Uma coisa é certa: não temos milhões de membros para perder até começarmos a acertar.

Brasil: Reconhecimento e Regularidade

Quem é regular? Para alguns maçons, uma obediência regular é aquela que tem reconhecimento da Grande Loja Unida da Inglaterra, visto essa ser a 1ª Grande Loja da história, tida por isso como a Grande Loja Mãe do Mundo. Para esses, não importa se uma obediência possui reconhecimento de outras duzentas obediências regulares nos cinco continentes ou até mesmo da própria obediência a que eles pertencem. Se não tiver o reconhecimento da GLUI, não é regular.

No Brasil, há atualmente apenas cinco obediências com o tão desejado reconhecimento da GLUI: GOB (Grande Oriente do Brasil), GLESP (Grande Loja do Estado de São Paulo), GLMERJ (Grande Loja Maçônica do Estado do Rio de Janeiro), GLMEES (Grande Loja Maçônica do Estado do Espírito Santo) e GLMMS (Grande Loja Maçônica do Mato Grosso do Sul).

O GOB conseguiu reconhecimento da GLUI em 1919, quase cem anos após sua fundação. Já as quatro citadas Grandes Lojas, fundadas a partir de 1927, possuem tratados mais atuais. Como justificativa para a negativa de reconhecimento, a GLUI declarava que as Grandes Lojas brasileiras não poderiam ser reconhecidas por terem recebido Carta Constitutiva de um Supremo Conselho do REAA, e não de uma obediência simbólica, como ditam suas regras (o primeiro dos oito princípios de reconhecimento – A regularidade de origem: uma Grande Loja deverá ser regularmente fundada por uma Grande Loja devidamente reconhecida ou por pelo menos três Lojas regularmente constituídas). Mas com o passar dos anos, a GLUI já reconheceu as quatro mencionadas e vem flertando com outras. A regra para reconhecimento mudou? Não. Mas trata-se apenas de uma regra de conveniência. Dessa forma, tudo indica que esse número de cinco obediências brasileiras regulares perante a GLUI tende a aumentar.

Já sobre o Rito Escocês no Brasil, a história se complica um pouco mais e esse mesmo argumento de regularidade defendido por uns cai por simples incoerência. Muitos dos maçons reconhecidos pela GLUI são membros de um Supremo Conselho do REAA espúrio. Em contrapartida, muitos outros que ainda não têm reconhecimento da GLUI são membros do Supremo Conselho do REAA reconhecido internacionalmente. Acaba que aqueles que declaram que o reconhecimento da Grande Loja Mãe do Mundo é a única regularidade válida, não se importam de serem membros de um Supremo Conselho REAA que não tem o reconhecimento do Supremo Conselho REAA Mãe do Mundo, o da Jurisdição Sul dos Estados Unidos, e de todos os demais Supremos Conselhos regulares do mundo. Em resumo: muitos dos defensores da regularidade nos Graus Simbólicos com base no reconhecimento são espúrios nos Graus Superiores do REAA. Contraditório, não?

A bagunça já começou e ainda nem entramos na discussão mais polêmica: a GLUI, que tem pouco mais de 250 mil maçons, é realmente a regra? A primeira sempre manda? Ou será que os Estados Unidos, que possuem mais de 1,4 milhão de maçons, seria a regra? Aliás, a regra é realmente se balizar pelos outros? Isso não seria um tipo de colonialismo? Talvez o ideal não fosse haver um Conselho, uma Confederação, algo como uma ONU maçônica? Como ficam as chamadas Prince Hall, que têm o reconhecimento da GLUI e não tem da maioria das Grandes Lojas dos Estados Unidos? São reconhecidas pelos estrangeiros, mas não são para muitos daqueles de seu próprio país. Ou duas obediências mexicanas, que não se reconhecem, mas ambas têm o reconhecimento da GLUI? São regulares para a Inglaterra, mas não se consideram entre si. Enfim, quem é regular e quem não é?

Na verdade, regularidade e reconhecimento são coisas diferentes, que não devem ser confundidas. A regularidade é com base em regras claras de origem e de funcionamento. Regras de origem: ser constituída por uma Grande Loja Regular ou por três Lojas Regulares, num território independente e ser soberana em sua administração. Regras de funcionamento: crença num Ser Superior; sigilo; simbolismo operativo; divisão apenas em três graus: Aprendiz Companheiro e Mestre; observar a Lenda do Terceiro Grau; juramento perante o Livro Sagrado; presença do Livro Sagrado, Esquadro e Compasso; investigar a Verdade; proibição de discussões político-partidárias e religiosas. Se uma obediência atende a essas regras, ela é indiscutivelmente regular. Já o reconhecimento é um ato administrativo, de relações exteriores, e cada obediência tem autonomia para reconhecer ou não outra obediência regular, assim como retirar esse reconhecimento quando quiser.

Se uma obediência é soberana, ela é responsável pelos seus próprios reconhecimentos, independentemente de outrem. Então, quando se tratar de regularidade, preocupe-se se tal obediência é reconhecida pela *sua própria* obediência, e não se é para uma ou outra. Você, como maçom, deve seguir as decisões da *sua*, e não da de ninguém. Da mesma forma, a sua obediência, seguindo os *Landmarks*, deve ser soberana, não se subordinando às decisões de qualquer outra.

Enfim, quando se trata de Maçonaria brasileira, desconfie das afirmações. Nada é tão simples quanto parece. Algumas vezes, os princípios de igualdade e fraternidade ficam à mercê da vaidade dos dirigentes ou prejudicados por uma história que não fomos nós que escrevemos. Mas o presente, esse sim está em nossas mãos.

Maçonaria Brasileira em Números

Como todos sabem, a Maçonaria brasileira pode ser dividida em três modelos administrativos distintos: os Grandes Orientes Estaduais federados ao GOB, as Grandes Lojas confederadas à CMSB e os Grandes Orientes Independentes confederados à COMAB. Somadas, essas obediências correspondem ao que podemos chamar de Maçonaria Regular Brasileira (lembre-se que os conceitos de "regular" e "reconhecida" são distintos. Prova disso é que nenhuma dessas obediências possui o reconhecimento de todas as obediências regulares do mundo).

Com a chegada do *List of Lodges 2011*, publicação anual das Lojas das Obediências Regulares do mundo que possuem reconhecimento de Grandes Lojas Americanas, tem-se o número mais atualizado do tamanho da Maçonaria brasileira: o GOB possui 75.987 membros ativos, filiados a 2.526 Lojas. Permite múltiplas filiações.

As Grandes Lojas possuem 106.112 membros ativos, filiados a 2.623 Lojas. Permitem única ou dupla filiação.

Os 17 Grandes Orientes Independentes confederados à Comab ainda não constam no *List of Lodges*, mas possuem aproximadamente 28.942 membros.

Somando todos, temos um total de mais de 211.000 maçons no Brasil, distribuídos em aproximadamente 6.000 Lojas. Para ter uma ideia da dimensão disso, a Maçonaria brasileira é duas vezes maior do que a soma de todo o restante da Maçonaria latino-americana. Somos quase três vezes maiores do que a Maçonaria canadense. No continente americano só perdemos para os Estados Unidos, a maior Maçonaria do mundo com aproximadamente 1.378.000 maçons (*List of Lodge 2011*), isso sem contar as Grandes Lojas Prince Hall, o que eleva esse número para quase dois milhões de Irmãos americanos. No mundo, estamos em terceiro lugar, próximos da Inglaterra, com seus quase 238 mil membros divididos em 7.945 Lojas.

Apesar dos números impressionantes, é fato que a Maçonaria brasileira não fala em uníssono. Mas talvez um dia conseguiremos seguir o exemplo da Maçonaria alemã que, com suas diferentes obediências, cada uma com sua estrutura e funcionamento, conseguiu criar um organismo representativo que fala em nome de todos os maçons alemães. Aí então o gigante que somos poderá despertar perante o mundo maçônico e colaborar ainda mais com a construção de uma humanidade mais feliz e igualitária.

O Trabalho sob a Ótica Maçônica

Introdução

Quem nunca ouviu o dito popular "o trabalho dignifica o homem"?

Um erro que muitos podem cometer ao realizar um pensamento simplista sobre o ditado é de que o trabalho dignifica o homem, porque através dele o homem sustenta uma vida digna para ele e para sua família. Esse raciocínio é um erro, pois nesse sentido não é propriamente o trabalho que dignifica o homem, e sim apenas um fruto do trabalho: o salário. Ao cometer esse erro, seu autor estaria maculando, desprezando e ridicularizando tanto o trabalho quanto o homem, ao julgar que o trabalho só tem valor por gerar um salário e que o homem somente trabalha para merecê-lo.

O trabalho gera mais frutos do que o simples salário de seu trabalhador. O trabalho gera um produto ou serviço final que é demandado por outra pessoa ou pela sociedade. O trabalho gera habilidade e experiência àquele que o desenvolve. O trabalho gera relações não somente comerciais, mas principalmente sociais. O trabalho gera aprendizado, conhecimento. O trabalho gera prazer quando é bem feito. O trabalho gera parcerias.

Trabalho e Humanidade

O trabalho pode mostrar que todos somos dependentes um do outro, porque um alfaiate não pode fazer um terno sem o agricultor que planta e colhe o algodão, o caminhoneiro que o transporta até a fábrica, o industrial que o transforma em tecido, o transportador que entrega ao atacado e, enfim, o atacadista que fornece ao alfaiate. Isso sem contar com a tesoura, a fita métrica, a máquina de costura, a energia elétrica e a edificação utilizada pelo alfaiate. Tudo isso foi resultado do trabalho de muitos trabalhadores para que o alfaiate pudesse exercer seu ofício. E as roupas feitas por esse alfaiate podem por coincidência vestir um desses trabalhadores e com certeza vestem muitos outros que dependem não somente do alfaiate, mas de vários outros profissionais para viver e para desempenhar o seu trabalho, do qual outras pessoas também podem depender, incluindo o alfaiate.

Assim sendo, como se pode dar atenção ao salário, quando o trabalho significa algo muito maior e muito mais relevante na vida de todos os homens de bem? Quando o trabalho gera riquezas muito mais valiosas, imensuráveis em comparação com o salário? Pensando assim, pode-se afirmar que o salário é talvez o fruto menos importante do trabalho, servindo apenas de moeda de troca de um trabalhador pelos produtos ou serviços de outros trabalhadores. Algo que se fez necessário entre os homens para tornar os produtos e serviços mais acessíveis a todos, no ponto de vista da troca.

Observe-se neste instante e veja a imensidão que o rodeia. Veja cada objeto, peça e acessório que está usando e o ambiente em que se encontra e tente imaginar quantos trabalhadores, não somente do Brasil, mas de todo mundo estiveram envolvidos no processo de produção desses utensílios. Veja o telefone que pode estar agora ao seu lado, a energia que mantém a lâmpada acesa e seu computador ligado, e quantos milhares de trabalhadores estão envolvidos nisso, neste exato momento, para que você possa permanecer lendo este texto. Isso sem contar a mesa e cadeira, em que se encontra agora e todos os serviços de energia elétrica, fornecimento de água, internet, telefonia etc. Sem medo de errar, pode-se afirmar que milhões e milhões de trabalhadores de todo o mundo estiveram e estão envolvidos no processo de produção de todos os produtos e serviços que o rodeiam.

Trabalho e Maçonaria

Às vezes o cotidiano, a correria do dia a dia, não permite que cada um de nós possa parar por alguns minutos para fazer essa reflexão, para simplesmente olhar ao redor e entender o quanto todos somos dependentes do trabalho de infinitos desconhecidos sem demonstrarmos a mínima gratidão.

Um autor descreve "trabalho" como "qualquer atividade útil". Ao refletirmos sobre isso, nos chama a atenção o termo útil. Útil é tudo aquilo que atende uma ou mais pessoas, ou seja, quanto mais atender as pessoas, mais útil. E o que mais seria o trabalho maçônico do que uma atividade útil para o nosso autodesenvolvimento e com o objetivo final de fazer feliz a humanidade através do amor ao próximo, do combate à ignorância e ao fanatismo, do aperfeiçoamento dos costumes, levantando templos à virtude e cavando masmorras aos vícios?

A Sublime Ordem Maçônica nada mais é do que um Sindicato de Trabalhadores. Antes, em sua fase operativa, era um sindicato de trabalhadores da construção civil. Hoje, o que todos nós maçons "especulativos" ainda temos em comum com nossos antecessores é que todos somos trabalhadores, porém nas mais diferentes profissões.

Assim como os ensinamentos maçônicos serviam para orientar os maçons operativos em suas relações entre si, com os contratantes, os familiares, a sociedade e o Grande Arquiteto do Universo, esses mesmos ensinamentos estão em nossos rituais e ainda servem para nos orientar, bem como orientar nossas relações profissionais, sociais e espirituais. E um dos principais ensinamentos maçônicos é o de que, para se realizar qualquer trabalho, deve-se empregar com equilíbrio três diferentes energias: força, vontade e inteligência.

Não adianta o obreiro ter vontade de trabalhar e ter a força necessária se ele não possuir a inteligência, ou seja, conhecimento preciso para efetuar o trabalho. Da mesma forma, o obreiro tendo inteligência e força para trabalhar, mas não tendo vontade, nada será feito. Assim como é impossível um obreiro produzir apenas com a vontade e a inteligência, mas sem ter forças para trabalhar. Faz-se então necessário empregar essas três qualidades para que um trabalho transcorra de forma justa e perfeita. É aí que se encontra a perfeição: não no trabalhador, mas no seu trabalho.

Conclusão

Você deve compreender que não é apenas o seu trabalho que o dignifica, mas o trabalho de todos os homens de bem do orbe terrestre colabora para que você viva com dignidade. Entenda que o que liga você a cada homem de bem no mundo é o trabalho digno que cada um desempenha e que, de forma direta ou indireta, alcança a todos. Além do Grande Arquiteto do Universo, o trabalho é o nosso elo, o que nos une.

Assim sendo, ao desenvolver um trabalho perfeito, o trabalhador está aprendendo, se desenvolvendo, evoluindo, se relacionando com fornecedores e clientes, fazendo parcerias, atendendo uma demanda de um indivíduo, de um grupo ou da sociedade, gerando empregos, proporcionando felicidade ou prazer para si e para o próximo e colaborando através de seu trabalho com a sociedade, o que o liga a cada homem de bem no mundo. Quer algo mais digno do que isso?

A Justiça sob a Ótica Maçônica

"Justiça" é um termo muito presente na Maçonaria, principalmente porque está diretamente ligado a um personagem presente nas lendas maçônicas, Rei Salomão, tido como o rei mais sábio e justo de todos.

Mas a justiça não é algo natural, não é um elemento da natureza, encontrado em todos os lugares. A justiça é algo alcançado, conquistado. E assim como para se fazer a luz havia antes a escuridão, ou não haveria necessidade de a luz ser feita, para se fazer justiça deve haver antes a injustiça ou não haverá a necessidade de justiça.

Entendendo a ligação entre injustiça e justiça como início e fim, ação e reação, causa e efeito, percebe-se a necessidade de um "fio condutor", de um "combustível" que promova tal mudança. E, nesse caso, é a "compaixão".

É muito fácil compreender o papel fundamental da compaixão. Afinal de contas, mesmo em um mundo inundado de injustiças, se não houvesse compaixão, por que alguém desejaria e buscaria promover a justiça para outros? Faltaria o tal fio condutor, o combustível. Compaixão é exatamente aquele sentimento benévolo que domina o homem ao presenciar uma infelicidade ou mal alheio. Sentimos compaixão quando vemos alguém sofrendo uma injustiça. Ou quando assistimos a pessoas passando fome e outras necessidades, não por opção, mas pela falta dela, pela injustiça socioeconômica.

O maçom deve ter os olhos abertos para os males da sociedade. Ele não pode fechar os olhos para o sofrimento do próximo, pois o compromisso do maçom é buscar a felicidade da humanidade. O maçom é um homem de atitude, que procura construir templos às virtudes e cavar masmorras aos vícios. Ele busca trabalhar de forma Justa e Perfeita. E a compaixão nada mais é do que um sentimento de quem se incomoda com a infelicidade alheia, pois deseja a felicidade da humanidade. Nada mais é do que um sentimento de quem se irrita com as injustiças, pois tem um compromisso com o que é justo. Enfim, a Compaixão é um sentimento próprio do Maçom, que faz parte do seu ser enquanto houver injustiças no mundo. É o seu combustível; o mobiliza para seu objetivo como Maçom.

E quais são os caminhos para os quais essa compaixão nos leva, em direção à justiça? Podemos crer que, dentre tantos caminhos, o principal talvez seja a caridade. Como um dos três pilares da Escada de Jacó, a caridade pode ser interpretada como a ação de um homem livre e de bons costumes quando sente compaixão perante o sofrimento do próximo. Ele tenta reduzir as injustiças com as quais se depara por um ato de amor. Não há caminho melhor.

A compaixão é sentimento típico daqueles puros de coração, daqueles que amam ao próximo e não fecham seus olhos. E a caridade nada mais é do que a prática desse amor. A caridade é a reação, o efeito da compaixão.

A busca pela justiça é um trabalho diário de autodesenvolvimento. E esse aperfeiçoamento pessoal não tem valor se não é voltado ao bem do próximo e da humanidade. Albert Pike bem registrou que "o que fazemos por nós mesmos morre conosco. O que fazemos pelos outros e pelo mundo permanece e é imortal".

Vê-se que a compaixão é parte fundamental em todo o processo de evolução maçônica, porque um maçom nunca se faz de cego perante uma injustiça; ele a sente como se fosse a si mesmo. E se a evolução se alcança pelo amor ou pela dor, a compaixão está diretamente ligada a ambos. E o maçom, como construtor social, não se restringe a sentir a compaixão, ele age a partir dela.

Banquete Ritualístico: a Loja de Mesa

É do ser humano comemorar datas importantes entre seus pares com banquetes. Com o maçom não poderia ser diferente. O costume da Loja de Mesa, muito chamado no Brasil de banquete ritualístico, é observado desde, pelo menos, o século XVII. Era realizado principalmente em observância aos dias dos santos de nome João, ou seja, nos solstícios.

Já no século XVIII, com o surgimento das primeiras Grandes Lojas, as Lojas de Mesa começaram a seguir regras rígidas, principalmente no tocante ao álcool. É claro que, para o cidadão do século XVIII e meados de XIX, isso foi um grande desestímulo.

Apesar dessa época de lei seca, quase reinante na Maçonaria do século XVIII e que ainda persiste em muitos países, esse importante costume foi mantido e observado por diferentes Corpos Maçônicos. Um destaque é a Cerimônia de Endoenças do Capítulo Rosa-Cruz do Rito Escocês.

Uma Loja de Mesa, ou seja, um banquete ritualístico, possui rituais próprios, destacada por algumas características comuns: restrito a maçons; servido por Aprendizes; mesa em U; substituição dos nomes dos objetos e ações por outros; pelo menos sete brindes, entre eles ao Presidente da República, ao Grão-Mestre ou dirigente da Potência, ao Venerável Mestre ou Presidente do Corpo que a realiza, a todos os maçons do mundo.

O maior problema das Lojas brasileiras que desejam realizar um banquete ritualístico é a ausência de rituais e manuais oficiais fornecidos pelas obediências, o que faz com que os banquetes se difiram muito entre as Lojas.

A Loja de Mesa é um excelente modo para uma Loja comemorar alguma data especial de maneira diferente. Seja com álcool ou não, defenda essa ideia.

3

Desmistificando Termos

A Maçonaria tem um vocabulário próprio e conhecido por seus membros, formado por termos e expressões seculares, alguns desde tempos imemoriais. Alguns desses termos estão relacionados à ritualística maçônica, outros à sua história ou mesmo à hierarquia interna.

No entanto, nem mesmo simples termos têm sido poupados da produção literária sem a devida pesquisa, o que tem gerado interpretações diversas e muitas sem qualquer embasamento. E se não bastasse esse processo de desinformação pelo qual a Maçonaria tem passado, o tempo também não deixa de ser cruel, fazendo questão de apagar significados originais, permitindo o surgimento de novos significados ou mesmo de novos termos, em substituição aos genuínos.

Alguns desses termos serão destrinchados neste capítulo com o objetivo de compreendermos suas origens, história, reais significados, grafia correta e maneira adequada de utilizá-los.

Por que Rito Escocês?

Afinal, por que o Rito Escocês é conhecido por este nome? Qual é a sua origem? Ele é escocês, francês ou americano?

Os estudiosos de plantão afirmam sem pestanejar: é francês! Mas, na verdade, a resposta mais prudente seria: depende. Pois, nesse caso, tudo depende do que você considera por origem.

Se você responder que a origem do REAA é escocesa, você não estará de todo errado. A base do rito é tida como levada pelos Stuartistas, quando exilados na França. Todos eram de famílias escocesas.

Já se você responder que a origem do REAA é francesa, isso não será um equívoco. O rito só criou forma na França, onde foi batizado como Rito de Heredom, possuindo 25 graus, e a partir de onde foi difundido.

Por último, se você responder que a origem do REAA é americana, não terá como desmenti-lo. Foi nos Estados Unidos que surgiu o termo Rito Escocês Antigo e Aceito para denominar o sistema composto pelos 25 graus do Heredom e mais os oito graus lá criados, formando o sistema de 33 graus como é praticado hoje. Nos Estados Unidos nasceu o 1º Supremo Conselho do REAA no mundo, em 1801, na cidade de Charleston, estado da Carolina do Sul.

Desse modo, se você considerar a origem com base no nome e formato, o rito é americano. Se considerar a origem com base no local onde sua prática começou a se desenvolver, o rito é francês. Mas se considerar a origem com base em suas raízes e tradições, o rito é escocês.

Não há como dizer que uma origem é mais legítima que a outra. No mundo inteiro, os negros são chamados de afrodescendentes, os descendentes japoneses de nipônicos, os judeus de sionistas, independentemente de onde nascem ou crescem. Muitos bisnetos de irlandeses nascidos nos Estados Unidos ainda se consideram irlandeses. Em todos esses casos, a origem não está no local onde nasceram, mas no local onde, de alguma forma, estão suas raízes. Foi seguindo essa linha de raciocínio que os americanos denominaram o rito de escocês, pois suas raízes são realmente escocesas. Já seguindo o ponto de vista formal, legal, o rito é indiscutivelmente americano, pois foi nos Estados Unidos que ele foi organizado, nomeado, publicado, e onde a primeira organização para administrar o rito foi criada. Porém, ao observar suas práticas, não há como descartar a essência da Maçonaria francesa, incrustada em seus rituais.

Enfim, temos então um rito de raízes escocesas, desenvolvido na França e concluído nos Estados Unidos.

York ou Emulação?

Muitos autores maçons fazem uma grande confusão entre York e Emulação, apresentando os dois termos como sinônimos ou afirmando que o Ritual de Emulação faz parte do Rito de York. Este talvez seja o maior mito da Maçonaria brasileira, considerando ter sido equivocadamente oficializado quase um século atrás, quando o Grande Oriente do Brasil, ao firmar tratado com a Grande Loja Unida da Inglaterra, traduziu *Grand Council of Craft Masonic in Brazil* como Grande Capítulo do Rito de York do Brasil. A partir daí, essa desinformação vem gerando confusão entre os maçons brasileiros.

O problema, na verdade, não é estritamente brasileiro. Os pesquisadores maçons Henderson e Pope (2001) denunciaram que:

> "Efetivamente, o termo 'Rito de York' é genericamente aplicado na América do Sul e Central para descrever qualquer Trabalho de Simbolismo que não for da forma de Rito Escocês."

Em outras palavras, ao longo dos séculos XIX e XX, os maçons latino-americanos, por falta de conhecimento, convencionaram chamar todo ritual original de língua inglesa, seja americano, inglês, irlandês ou escocês, de Rito de York. No caso do Brasil, o ritual *Emulation* foi a vítima, enquanto no Peru, por exemplo, foi a versão escocesa do ritual *Standard*.

York é rito, Emulação é ritual. York é americano, Emulação é inglês. York é do século XVIII, Emulação é do século XIX. Eles não são iguais, tampouco muito parecidos.

O Rito de York é um sistema de 13 graus, sendo os três graus simbólicos e dez graus e ordens superiores. Foi compilado por Thomas Smith Webb, em 1797, nos Estados Unidos. Nos graus simbólicos é o único ritual autorizado por quase a totalidade das Grandes Lojas Estaduais norte-americanas. Já o Ritual de Emulação foi criado pela *Emulation Lodge of Improvement*, em Londres, em 1823, abrangendo os três graus simbólicos e seguindo as premissas criadas pela Loja de Reconciliação, que haviam sido aprovadas pela Grande Loja Unida da Inglaterra em 1816.

Entretanto, até hoje muitas obediências brasileiras que adotam o Ritual de Emulação o chamam de Rito de York, mesmo havendo no país obediências que também adotam o Rito de York (o legítimo, americano).

Mas, apesar de ser uma questão clara de uso indevido de nome, temos visto vários Irmãos defendendo o uso do termo Rito de York para se referir ao Ritual de Emulação. Um dos argumentos mais utilizados é o de que uma obediência tem direito de nomear um ritual como quiser.

Vejamos o que o Grande Oriente do Brasil já disse a respeito:

> "No Grande Oriente do Brasil – GOB, com impropriedade, dizemos Rito de York ao sistema maçônico que segue estritamente as práticas inglesas, de um modo particular observando-se as cerimônias tradicionais do denominado *Emulation working* (trabalho de Emulação)."

Na Maçonaria, escola onde se ensina a pesquisa da verdade, não há porque se apegar a um erro e continuar promovendo uma reconhecida impropriedade. A palavra Emulação é muito bonita e tem um belo significado. Deveria ser mais bem aproveitada, como muitos Irmãos instruídos já o fazem.

Para os Irmãos que desejam conhecer uma Loja Simbólica que trabalha no Rito de York, já existem aproximadamente 40 Lojas no Brasil trabalhando no rito, sendo essas filiadas a Grandes Lojas Estaduais e Grandes Orientes Independentes. Já o GOB ainda não permitiu estatutariamente a adoção do rito por suas Lojas Simbólicas.

BOOZ ou BOAZ?

O termo correto é BOAZ.

Conforme excelente trabalho do Irmão William Almeida de Carvalho, o termo BOOZ surgiu quando da tradução de São Jerônimo da Bíblia para o latim, em 405 d.C., o qual cometeu o equívoco de registrar como BOOZ em vez de BOAZ (entre vários outros equívocos). Já a famosa tradução de Lutero para o alemão foi correta: BOAZ. A famosa versão da Bíblia de Rei James mantém o BOAZ, e a própria versão em português de João Ferreira de Almeida consta como BOAZ.

No Ritual de Emulação, adotado por grande parte das Lojas da Grande Loja Unida da Inglaterra, o termo adotado é BOAZ. Assim também consta no Monitor de Webb, que é o ritual dos graus simbólicos do Rito de York, adotado pela quase totalidade das Lojas dos Estados Unidos. No próprio REAA, o termo correto é BOAZ, como se pode ver no livro *Morals and Dogma* do célebre Irmão Albert Pike, 33º. Mackey, outro célebre autor maçônico, também registrou BOAZ em suas obras, assim como outros grandes historiadores, pesquisadores e autores maçons na França e Inglaterra.

Uma curiosidade sobre o assunto é que, ao contrário da afirmação do Irmão William de Carvalho de que o termo BOOZ simplesmente não existe no hebraico, o pastor batista, professor de teologia e maçom, Venerável Irmão José Ferreira de Barros, demonstrou em artigo recentemente escrito que o termo BOOZ é sim possível, mas reforça que não é o caso das passagens bíblicas, onde houve mesmo erro de transliteração.

O que é HUZZÉ?

Não há registros de quando se começou a usar Huzzé nas Lojas. Ao contrário do que afirma um dos maiores escritores maçônicos brasileiros, Rizzardo da Camino, Huzzé não é uma palavra hebraica e muito menos significa Acácia. Na verdade, a transliteração da palavra acácia em hebraico seria *shittah*.

O termo Huzzé parece vir do árabe e significa Viva, tendo sido um dos tantos termos incorporados pelos europeus como consequência da dominação e ocupação árabe na Europa, que durou quase 800 anos (711 a 1492). É adotado em substituição ao termo latino *Vivat* e ao que foi tão utilizado na monarquia francesa *Vive*.

O termo Huzzé entrou para o vocabulário inglês com o escrito HUZZAH e seu significado nos dicionários da língua inglesa é "aclamação medieval equivalente a viva!". Trata-se de uma tríplice aclamação de alegria: "huzzé, huzzé, huzzé!" significa o mesmo que "viva, viva, viva!". Uma das variações derivada da tríplice aclamação Huzzé ficou popularizada como "Hip, Hip, Hurrah", usado em aniversários e jogos, com o mesmo sentido original "viva, viva, viva!".

A teoria de Jack Weatherford é de que Huzzé derivou-se da palavra mongol *Hurree*, que significa Aleluia. Já de acordo com Jean Paul Rox, a origem é turca. Os turcos usavam nas guerras, quando atacavam seus adversários: *Ur Ah*!.

A tríplice aclamação de Viva era oficialmente utilizada quando da coroação de um novo rei, tanto na França quanto na Inglaterra.

Ao que tudo indica, o escrito Huzzé nos rituais de língua portuguesa surgiu para garantir a correta pronúncia do termo. Em Loja do REAA, a tríplice aclamação é usada como forma de render graças ao GADU e, por isso, é realizada logo após a abertura e o fechamento do Livro da Lei. A tríplice aclamação também ocorre no Rito Moderno, no Adonhiramita e no Brasileiro. Porém, a tríplice aclamação nesses ritos varia para Liberdade, Igualdade, Fraternidade!, no Rito Moderno, *Vivat, Vivat, Vivat!,* no Adonhiramita e Glória, Glória, Glória!, no Rito Brasileiro.

Se Huzzé fosse realmente uma palavra hebraica que significasse Acácia, faria algum sentido aclamá-la, ainda mais nos graus de Aprendiz e Companheiro? É claro que não.

Telhamento ou Trolhamento?

Muitos Irmãos considerados intelectuais de Maçonaria já dissertaram sobre qual o termo correto para o exame de proficiência aplicado em visitantes desconhecidos em Lojas Maçônicas. Isso porque as Grandes Lojas brasileiras adotam o termo trolhamento enquanto o GOB adota o termo telhamento.

Praticamente todos os que se deram o trabalho de escrever sobre o referido tema, incluindo aí José Castellani, Rizzardo da Camino e muitos outros, concordaram que o correto é telhamento, justificando que "telhamento" tem relação com telhado, cobertura, que simboliza a proteção da Loja, já que o telhado protege o templo das intempéries. E isso se encaixa perfeitamente com a ação de examinar os visitantes desconhecidos, de forma a impedir a entrada de profanos. Daí, esses autores de trabalhos, pranchas, peças de arquitetura e livros reforçam ainda mais essa teoria dizendo que trolhamento é trabalhar com a trolha e argamassa, atividade que não teria relação alguma com cobertura, ou seja, com a proteção do templo. Correto? Vejamos:

Consultando o *Dicionário Priberam da Língua Portuguesa*, de português europeu, visto que o REAA praticado no Brasil teve seus primeiros rituais oriundos do Grande Oriente Lusitano, e muitos maçons brasileiros do século XIX haviam sido iniciados na Maçonaria quando dos estudos em Lisboa, encontramos, entre alguns poucos, o seguinte significado para a palavra trolha: "operário que assenta e conserta telhados". Sendo assim, no bom e velho português, "trolhamento" é assentar e consertar telhados. Já o termo "telhador" significa no mesmo dicionário "aquele que telha", e o verbo telhar significa "cobrir com telha".

Sim, é exatamente isso que você pensou: se você mora em Lisboa e está com uma goteira em casa, você chama "o trolha" para consertar seu telhado. Ele faz um trolhamento, ou seja, um exame para verificar onde está o problema e então realiza o conserto.

Dessa forma, pode-se entender que telhamento é fazer um telhado, enquanto trolhamento é consertar um telhado. Ora, o templo já está concluído. O examinador apenas verificará se não há uma telha fora do lugar ou defeituosa, de forma a evitar uma goteira. Então, qual é o termo que melhor se encaixa à ação do examinador? Trolhamento. O examinador está sendo um trolha, assentando, ou seja, avaliando se os visitantes têm o nível (grau) necessário para participarem dos trabalhos, e impedindo assim a entrada de "uma goteira" em nosso lar maçônico.

Alguns desses escritores ainda sustentam essa tese de telhamento, dizendo que, em inglês, o Cobridor Externo é chamado *tiler* (termo que gerou o nome *Tyler*) que, para eles, poderia ser traduzido como telhador, ou seja, quem constrói telhados. Mas esse é apenas outro erro grave de pesquisas superficiais. O Dicionário Cambridge de Língua Inglesa, um dos mais completos e respeitados, registra *tiler* como "*a person who fixes tiles to a surface*", ou seja, uma pessoa que **corrige** telhas de uma superfície. Conforme o mesmo dicionário, o termo em inglês para quem constrói telhados é *roofer*.

Concluindo: o termo mais apropriado para o exame de visitantes é: trolhamento.

Parabéns àqueles que mantiveram o uso do termo correto, mesmo contra toda a literatura maçônica brasileira que ditava o contrário.

Por que "Loja" Maçônica?

Qual maçom nunca foi questionado por um profano do porquê do termo "Loja"? Muitos são aqueles que perguntam se vendemos alguma coisa nas Lojas, para justificar o nome. Alguns, fanáticos e ignorantes, chegam ao ponto de indagar que é na Loja que os maçons vendem suas almas.

Em primeiro lugar, precisamos ter em mente que, só porque loja, em português, denomina um estabelecimento comercial, isso não significa que o mesmo termo em outras línguas tem o mesmo significado.

Loge, palavra francesa, pode se referir à casa de um caseiro ou porteiro, um estábulo ou mesmo o camarote de um teatro. Mas os termos franceses para um estabelecimento comercial são *magasin*, *boutique* ou *commerce*.

Da mesma forma, o termo usado na língua inglesa, *lodge*, significa "cabana", "casa rústica", "alojamento de funcionários" ou a "casa de um caseiro, porteiro ou outro funcionário". Os termos mais apropriados para um estabelecimento comercial em inglês são *store* ou *shop*.

Já o termo italiano *loggia* significa cabana, pequeno cômodo, tenda, mas também pode designar galeria de arte ou mesmo varanda. Os termos corretos para um estabelecimento comercial são *magazzino*, *bottega* ou *negozio*.

Em espanhol, *logia*, derivada do termo italiano *loggia*, denomina alpendre ou quarto de repouso. As palavras mais adequadas para estabelecimento comercial são *tienda* e *comercio*.

Por último, podemos pegar o exemplo alemão, *Loge*, que não tem apenas a grafia em comum com o francês, mas também o significado: um pequeno cômodo mobiliado para porteiro ou caseiro, ou um camarote. Já os melhores termos para estabelecimento comercial em alemão são *Kaufhaus*, *Geschaft* ou *Laden*.

Com base nesses termos, que denominam as Lojas Maçônicas nas línguas francesa, italiana, espanhola, alemã e inglesa, pode-se compreender que as expressões referem-se a uma edificação rústica utilizada para alojar trabalhadores, e não a um estabelecimento comercial. Verifica-se então uma relação direta com a Maçonaria operativa, em que os pedreiros costumavam e até hoje costumam construir estruturas rústicas dentro do canteiro de obras, onde eles guardam suas ferramentas e fazem seus descansos.

A palavra na língua portuguesa que mais se aproxima desse significado não seria loja, e sim alojamento. Nossas Lojas Maçônicas são exatamente isso: alojamentos simbólicos de construtores especulativos. Isso fica evidente ao se estudar a história da Maçonaria em muitos países de língua espanhola, que algumas vezes utilizavam os termos *Alojamiento* em substituição à *Logia*, o que denuncia que ambas as palavras têm o mesmo significado.

À luz dos significados dos termos que designam as Lojas Maçônicas em outras línguas, podemos observar que a teoria amplamente divulgada no Brasil de que o uso da palavra Loja é herança das lojas onde os artesãos vendiam o *handcraft*, ou seja, o fruto de seu trabalho manual, além de simplista, é furada. Se fosse assim, os termos utilizados nas outras línguas citadas teriam significado similar ao de estabelecimento comercial e seria usado em substituição às outras palavras que servem a esse fim.

Na próxima vez que você passar em frente a um canteiro de obras e ver à margem aquela estrutura simples de madeira compensada ou placas de zinco, cheia de trolhas, níveis, prumos e outros utensílios em seu interior, muitas vezes equipada também com um colchão para o pedreiro descansar à noite, lembre-se que essa estrutura é a versão atual daquelas que abrigaram nossos antepassados, os maçons operativos, e que serviram de base para as nossas Lojas Simbólicas de hoje.

Venerança ou Veneralato?

É bastante comum ver em discursos e trabalhos apresentados em Lojas, revistas e livros maçônicos, ou mesmo em regulamentos da Ordem o termo Venerança ao se referir à gestão do Venerável Mestre: "Desejamos que sua Venerança seja justa e perfeita", "Durante a sua Venerança, a Loja evoluiu ainda mais na Arte Real", "Farei minha Venerança no nível e no prumo" etc.

Às vezes, quando se escuta um termo diferente, como Veneralato, alguns Irmãos até se assustam. Uns chegam a pensar que o Irmão está "inventando moda" ou, mais diretamente, inventando a palavra.

Mas qual é o termo correto? A tão popular venerança ou o raro veneralato? Alguns poucos Irmãos já se ocuparam em alertar quanto ao termo correto, sem obterem muito êxito. Aí vai nossa colaboração:

- **Venerança**: verbo "venerar" + sufixo "ança". O sufixo "ança" é um sufixo nominalizador, ou seja, transforma um verbo em um substantivo abstrato. O sentido desse substantivo derivado do verbo + sufixo "ança" é de ação, estado, qualidade. Isso porque vem do latim *antia*, que significa ação ou estado. Exemplos: vingança = ato de vingar; aliança = ato de aliar; andança = ato de andar.

  Dessa forma, venerança pode ser entendido como ato de venerar. Ex.: "Eu não entendo essa venerança toda da minha tia. Ela vai à missa quase todo dia".

  Parece que o significado real não combina muito com o uso que se costuma observar na Maçonaria, não é mesmo? Caso similar ao Filosofismo.

- **Veneralato**: verbo "venerar" + sufixo "ato". O sufixo "ato" vem do latim *atu* e indica posse, grau ou situação, e geralmente está relacionado com dignidades, funções ou encargos. Em alguns casos pode ser substituído pelo sufixo "ado". Ex.: bacharelato = grau alcançado pelo bacharel; bispado = dignidade de bispo (*Dicionário Ruth Rocha*).

  Se ainda cabe alguma dúvida, os dicionários *Michaelis* e *Priberam* não possuem a palavra venerança, mas apresentam o seguinte curioso significado para veneralato: s.m. *Cargo ou grau de Venerável, na Maçonaria.*

Dessa forma, com base tanto na etimologia como no significado contido nos dicionários, fica evidente que o termo correto é Veneralato.

O que é Filosofismo?

Constantemente escutamos os Irmãos se referindo aos Graus Superiores dos ritos como Filosofismo. Muitos autores maçônicos brasileiros costumam fazer a divisão dos graus maçônicos entre Simbolismo e Filosofismo, entre eles Rizzardo da Camino e uma infinidade de Grandes Inspetores Gerais da Ordem. Outros poucos maçons estudiosos dizem que essa palavra simplesmente não existe, que teria sido inventada no seio da Maçonaria.

Ambos estão errados.

O termo existe e, em poucas palavras, significa falsa filosofia. Gabriel Perissé (2008), Doutor em Educação pela USP, escreveu que "filosofismo é a filosofia que virou jogada, pretexto, mania, suborno, insulto. O filosofista finge que pensa...". Já no *Dicionário Unesp do Português Contemporâneo*, organizado por Francisco Borba (2004), filosofismo é "ostentação exagerada de princípios e conceitos filosóficos; uso de considerações filosóficas onde elas não têm cabimento; filosofia sem fundamento".

Fica claro que a Maçonaria brasileira, de forma geral, tem usado o termo de modo totalmente equivocado. Estamos com isso nos autointitulando de falsos pensadores, enquanto nossos ritos são sistemas completos de ensinamentos morais e espirituais, todos comprometidos com a busca da Verdade.

O termo filosofismo surgiu em nossa Sublime Ordem da generalização de que os Graus Superiores do REAA, do quarto ao 33º, são Graus Filosóficos. Com base nisso, chamam os Graus Simbólicos de simbolismo maçônico, e os conhecidos como Graus Filosóficos acabaram sendo chamados de filosofismo maçônico. Mas esse é outro grande equívoco cometido pelos Irmãos, por influência dos pseudossábios de nossa instituição. Na verdade, apenas os graus de 19º a 30º do Rito Escocês são considerados filosóficos. A divisão correta dos graus do REAA se dá da seguinte forma:

- 1º ao 3º – Graus Simbólicos.
- 4º ao 14º – Graus Inefáveis.
- 15º ao 18º – Graus Capitulares.
- 19º ao 30º – Graus Filosóficos.
- 31º ao 33º – Graus Administrativos.

Na próxima vez que você se referir de forma abrangente aos graus que não compõem a Maçonaria simbólica, ou seja, os graus posteriores ao grau de Mestre maçom, use o termo Graus Superiores. Independentemente se são filosóficos, capitulares, crípticos, administrativos ou de cavalaria, essa é a melhor expressão para tratar desses graus em praticamente todos os Ritos Maçônicos. A única exceção é observada no sistema maçônico da Inglaterra, em que os graus posteriores ao de Mestre maçom são considerados paralelos ou "de aperfeiçoamento", e não superiores, visto ser um sistema não sequencial.

Portanto, mesmo que esteja se referindo apenas aos Graus Filosóficos do REAA (19º ao 30º), não utilize o termo "filosofismo". Abolindo o uso deste termo na Maçonaria, você estará ajudando a evitar a difamação da nossa Sublime Ordem, mesmo quando praticada por ignorância de seus próprios membros.

O que é *Landmark*?

Essa é uma palavra muito escutada no meio maçônico e sempre presente na literatura da Ordem. Mas você sabe realmente o que é *Landmark*?

A palavra inglesa *landmark*, se traduzida ao pé da letra, significa "marco de terra". A palavra é referente àqueles marcos existentes em entradas de cidades, trevos, praças etc. Os marcos costumam ser feitos de pedra, concreto ou outro material sólido e são usados para indicar limites territoriais, fronteiras, registrar um acontecimento ou mesmo servir de referência. São objetos proeminentes e resistentes, feitos e instalados para durarem e não serem deslocados, ou seja, imutáveis.

Sendo figura relacionada à simbologia da Maçonaria operativa, suas características de relevância, referência, solidez e imutabilidade serviram para que o termo ilustrasse as leis permanentes da Maçonaria regular, aquelas conhecidas no meio jurídico como "cláusulas pétreas" que, pela inalterabilidade, protegem os princípios e fundamentos da instituição.

Os *Landmarks* maçônicos mais conhecidos e adotados no mundo são os 25 *Landmarks* de Mackey. Porém, algumas Grandes Lojas, exercendo o poder soberano que possuem sobre suas leis e administrações, tem publicado suas próprias relações de *Landmarks*, variando seus totais entre sete e 54.

O que se observa em comum em todas as relações de *Landmarks* das obediências regulares são os seguintes princípios:

- independência e autogoverno das Grandes Lojas;
- crença num Ser Supremo;
- crença na imortalidade da alma;
- presença obrigatória do Livro Sagrado, Esquadro e Compasso em Loja;
- sigilo sobre os modos de reconhecimento;
- maçom ser homem livre e adulto;
- proibição de discussão sobre política e religião de forma sectária.

A Maçonaria em geral entende que esses princípios são atributos que a compõem, na ausência de um ou mais desses, não se trata mais de Maçonaria. Assim sendo, os *Landmarks*, imutáveis, têm por objetivo garantir a perpetuidade da Sublime Ordem, deixando-a evoluir enquanto mantém a sua essência imaculada.

Maçons Antigos, Livres e Aceitos

O termo Maçons Antigos, Livres e Aceitos que, utilizando a abreviação maçônica do REAA, fica MM AA LL e AA talvez seja, depois de GADU, o termo mais usado na Maçonaria. Apesar disso, parece que poucos são os maçons que sabem seu verdadeiro significado e o que se vê são muitos maçons experientes inventando significados mirabolantes e profundamente filosóficos para um termo que desempenhou um importante papel político na história da Maçonaria.

O termo geralmente é utilizado após o nome da obediência ou, muitas vezes, faz oficialmente parte do nome. Em inglês a sigla é AF&AM (*Ancient, Free and Accepted Masons*), cujo significado é o mesmo do termo em português: Maçons Antigos, Livres e Aceitos. Porém, os Irmãos também podem em muitas obediências se depararem com um termo diferente, sem o uso do Antigo, apenas: Maçons Livres e Aceitos ou F&AM – *Free and Accepted Masons.*

O que significa esse termo e qual o motivo da variação?

Em primeiro lugar, ao contrário do que muitos possam pensar, o termo nada tem com o Rito Escocês. Pelo contrário, foram os fundadores do Supremo Conselho do Rito Escocês em Charleston que, influenciados pelo termo, resolveram pegar emprestado o Antigo e o Aceito.

Na verdade, o termo e sua variável surgiram do nome oficial das duas Grandes Lojas inglesas rivais, historicamente conhecidas por Antigos e Modernos. O nome da 1ª Grande Loja (1717) era Grande Loja dos Maçons Livres e Aceitos da Inglaterra. Já sua rival (1751) foi fundada com o nome de Grande Loja dos Maçons Livres e Aceitos da Inglaterra de acordo com as Antigas Constituições e, por isso, costumava ser chamada de Antiga Grande Loja da Inglaterra. Dessa forma, a mais nova se proclamava Antiga e chamava a primeira, que era mais velha, de Moderna. A partir daí, nos 60 anos de rivalidade entre essas duas Grandes Lojas, os maçons da Grande Loja dos Modernos ou daquelas fundadas por essa usavam o termo Maçons Livres e Aceitos, enquanto os da Grande Loja dos Antigos ou daquelas fundadas por esta eram tidos como Maçons Antigos, Livres e Aceitos. Nesse período, a Grande

Loja da Irlanda (1725) e a Grande Loja da Escócia (1736) se aproximaram dos Antigos e, de certa forma, aderiram ao termo. As duas Grandes Lojas inglesas resolveram se unir em 1813, porém, os termos permaneceram nas Grandes Lojas constituídas por essas que, consequentemente, passaram àquelas que constituíram depois.

O maior reflexo dessa rivalidade e o uso dos termos que a representam ocorreu nos Estados Unidos, que tiveram Grandes Lojas fundadas pelos Modernos, pelos Antigos e pelas Grandes Lojas da Irlanda e da Escócia. Com isso, 25 Grandes Lojas Estaduais usam o termo COM Antigos e outras 26 Grandes Lojas usam SEM Antigos.

Apesar de a rivalidade ter acabado no início do século XIX, os termos permaneceram e podem ser vistos em várias outras partes do mundo.

Com o Antigos já desvendado, cabe aqui compreender a expressão Livres e Aceitos: Livres se refere aos maçons que tinham direito de se retirarem de suas Guildas e viajarem para realizar trabalhos em outras localidades, enquanto os Aceitos seriam os primeiros maçons especulativos que, apesar de não praticarem o Ofício, ingressaram na Fraternidade.

Hoje, usar ou não o Antigos não faz mais tanta diferença. O importante é que não esqueçamos que o Livres e Aceitos é um elo, um registro histórico da transição entre a Maçonaria operativa e a especulativa. Qualquer interpretação diferente é tentar jogar nossa história fora.

Por que Grão-Mestre e Venerável Mestre?

Para entendermos melhor esses termos, precisamos voltar um pouco na história de nossa Sublime Ordem Maçônica.

Ordens geralmente adotam o termo Grão-Mestre, sejam elas religiosas, sejam de cavalaria. E a partir da Sublime Ordem Maçônica, muitas Ordens fraternais também o fizeram. No caso da Maçonaria, há uma explicação histórica bastante óbvia e racional. Nos primórdios da Maçonaria especulativa não existia oficialmente o grau de Mestre maçom. Antes disso, as Lojas possuíam apenas Aprendizes e Companheiros, e os Companheiros elegiam entre si aquele que serviria como Mestre da Loja. Então, se cada Loja era governada pelo seu Mestre, nada mais natural do que chamar aquele que governa a Grande Loja de Grande Mestre. O termo grão é apenas uma forma antiga e reduzida da palavra grande na língua portuguesa, mais utilizada em títulos.

Com o surgimento oficial do Grau de Mestre Maçom, na década de 1930 do século XVIII, as Lojas ficaram repletas de Mestres. Então, para distinguir o Mestre da Loja dos demais Mestres, adotou-se um termo distintivo, um termo de tratamento: Venerável (*Worshipful*). Termos de tratamento eram muito comuns na Inglaterra na época, e até hoje, distinguindo assim o nível de nobreza: Majestade, Alteza, Graça, Mui Honorável e Honorável são exemplos de termos que distinguem monarcas, príncipes, duques, marqueses, viscondes e barões.

Não foi difícil para que, em poucos anos, o termo de tratamento Venerável passasse a integrar permanentemente o título do cargo, Venerável Mestre, na maioria dos ritos e rituais que foram surgindo.

E é claro que, se o Mestre da Loja ganhou um título distintivo, não poderia ser diferente para o Grão-Mestre. Enquanto o Mestre da Loja passou a ser chamado de Venerável Mestre (*Worshipful Master*), o Grão-Mestre da Grande Loja passou a ser tratado como Mui Venerável Grão-Mestre (*Most Worshipful Grand Master*). E esse ainda permanece com o termo de tratamento adotado pela Grande Loja Unida da Inglaterra para o Grão-Mestre, conforme seu Livro de Constituições (*Book of Constitutions – Craft Rules*).

Tais termos também alcançaram as instituições e, assim como a Loja passou a ser tratada como Venerável Loja ou Respeitável Loja (*Worshipful Lodge*), a Grande Loja também passou a ser tratada como Mui Venerável Grande Loja ou Mui Respeitável Grande Loja (*Most Worshipful Grand Lodge*). Veja que Venerável e Respeitável são apenas diferentes traduções para a palavra inglesa *Worshipful*, apesar de que o termo Venerável seria a tradução mais correta.

O respeito a tais termos de tratamento pode ser bem observado na Maçonaria dos Estados Unidos e de vários outros países. Já os vários outros termos que foram surgindo para se referir às autoridades maçônicas, em especial as brasileiras, são frutos da indiscutível soberania de cada obediência. Inovações, invenções, más traduções ou aberrações que, com o tempo, se tornaram tradições.

Adjunto, Delegado e Deputado de Grão-Mestre

Às vezes costuma-se presenciar algumas discussões maçônicas em defesa dos antigos costumes: Irmãos munidos das regras de Anderson e Mackey, apontando possíveis erros e vícios nas Constituições de suas obediências. Mais do que justo! Afinal de contas, devemos preservar nossas tradições de forma que a Maçonaria não perca sua essência e bagagem histórica.

Uma das questões que geralmente entram em pauta nessas discussões é quanto ao Grão-Mestre Adjunto, o Delegado e o Deputado do Grão--Mestre. Alguns Irmãos defendem que não deve existir Grão-Mestre Adjunto, alegando que fere o princípio maçônico de que apenas três devem governar. Nesse caso, os três deveriam ser: Grão-Mestre, Grande Primeiro Vigilante e Grande Segundo Vigilante. Os defensores dessa opinião alegam ainda que as Antigas Constituições não preveem esse cargo, contendo apenas o Deputado do Grão-Mestre. Há ainda aqueles que concordam com a existência do Grão-Mestre Adjunto, mas reivindicam pela existência do Deputado, em respeito às Antigas Constituições. Outros acreditam que o Delegado do Grão-Mestre, cargo existente em praticamente todas as obediências, corresponde ao Deputado do Grão--Mestre, sendo apenas uma questão de nomenclatura.

A verdade é que nem sempre algo é o que parece ser, principalmente quando se refere a termos em outra língua. *Deputy* não é simplesmente Deputado, como muitos Irmãos podem imaginar. A palavra Deputado para nós pode ter um sentido diferente para outros. Assim sendo, quando da tradução, em vez de buscar a palavra exata, deve-se buscar a palavra que exprime o verdadeiro significado daquela original ou, pelo menos, o mais próximo. *Deputy* significa Adjunto, Substituto, Representante, Vice. A tradução mais correta para *Deputy Grand Master* é, sem dúvida, Grão-Mestre Adjunto. Se pensar no inverso, a melhor tradução para a palavra Adjunto é, com certeza, *Deputy*, o que corrobora com esse entendimento. Mas isso não significa que o termo Deputado do Grão-Mestre esteja errado.

Já o Delegado Geral do Grão-Mestre, conforme as atribuições que costumam ser relacionadas ao cargo, seria o correspondente ao *Assistant Grand Master*, cargo existente na Grande Loja Unida da Inglaterra e em algumas outras Grandes Lojas. O *Assistant* tem a função de dar assistência, auxiliar, ajudar o Grão-Mestre em suas atividades, enquanto o *Deputy* (Adjunto) é o representante e substituto legal. O *Assistant* está abaixo do *Deputy*, assim como o Delegado está abaixo do Adjunto. Nas obediências que não possuem um *Assistant* (Delegado), geralmente ocorre do *Deputy* (Adjunto) acumular ambas as funções, auxiliando o Grão-Mestre sempre e o representando e substituindo quando de sua ausência.

O que não se deve é haver em uma mesma obediência um Grão-Mestre Adjunto e um Deputado do Grão-Mestre. Isso sim seria uma aberração, uma redundância administrativa, algo realmente não previsto nas Antigas Constituições. Por mais que as atribuições de cada um possam estar claras na Constituição, no fundo é ter dois Oficiais para a responsabilidade que deveria ser de apenas um.

Extra

Desmistificando a Maçonaria e a História do Brasil

Em praticamente todo o Continente Americano, as independências dos países tiveram um ponto em comum, tendo a Maçonaria desempenhado papel decisivo e forjado seus líderes. Talvez por isso, a história da Maçonaria, essa Mãe da Democracia, praticamente se mistura com a história de cada território que de colônia passou a país soberano.

No caso do Brasil, há bastante literatura sobre a participação maçônica na Independência do Brasil, apesar de não haver muita concordância entre os autores em questões básicas, como a simples data de uma importante reunião. Entretanto, ocorre uma verdadeira omissão histórica sobre a Maçonaria no Brasil colônia, como se a Maçonaria tivesse surgido no Brasil por geração espontânea, às vésperas da Independência.

Este capítulo pretende apresentar um estudo sobre esses dois pontos cruciais para o bom entendimento da história da Maçonaria brasileira e sua participação na história do Brasil, tão falhos em boa parte da literatura maçônica: sua existência pré-independência e sua participação na independência.

Os primórdios da Maçonaria no Brasil (1797-1821)

Infelizmente, história contada é história modificada. Isso porque a história é contada pelos sobreviventes e, via de regra, romanceada.

E os maçons brasileiros, seres humanos como quaisquer outros, não fizeram diferente. Mas o compromisso maçônico da busca irrestrita e incessante da verdade faz que alguns fatos, geralmente esquecidos, devam ser divulgados para que, pelo menos na Maçonaria, conheça-se a história real.

A história que quase todos os historiadores maçons contam é sempre a mesma e é mais ou menos assim: em 1815, nove maçons fundaram no Rio de Janeiro a Loja Comércio e Artes, a Loja Primaz do Brasil. Então, depois de alguns anos, em 1822, a Loja já contava com 94 membros. Resolveram, então, dividir a Loja em três e fundar o Grande Oriente Brasileiro, primeira obediência maçônica no Brasil.

Na verdade, a Maçonaria brasileira não nasceu no Rio de Janeiro, tampouco lá foi o berço da primeira obediência maçônica. E, evidentemente, a Loja Comércio e Artes nunca foi a Loja Primaz do Brasil. Na verdade não foi nem a décima, quanto mais a primeira.

Apesar dos esforços de muitos autores maçons em negar isso, o pioneirismo maçônico brasileiro nasceu no nordeste, mais precisamente na Bahia. A primeira cidade do Brasil também foi berço da primeira Loja Maçônica: Cavaleiros da Luz, fundada em 1797. Nada mais justo. Se quase tudo no Brasil começou lá, por que na Maçonaria seria diferente? O historiador e maçom Borges de Barros, que foi diretor do Arquivo Público da Bahia e relatou pela primeira vez a existência dessa Loja, ainda deu conta de que a Loja Cavaleiros da Luz foi a chama principal da Conjuração Baiana. Nada mal para os nossos pioneiros!

Mesmo com a dissolução dessa primeira Loja, com o passar dos anos a Maçonaria foi se desenvolvendo no fértil solo baiano: em 1802 surgiu a Loja Virtude e Razão que, depois de breve tempo adormecida, foi reerguida com o nome Virtude e Razão Restaurada, na mesma época em que, também de seu espólio, surgiu a Loja Humanidade. Ainda no nordeste, não demorou para que a luz maçônica iluminasse, por influência da Bahia, o estado de Pernambuco.

Sobre Pernambuco

Apesar de muitos escritores maçons assim desejarem, a "Areópago de Itambé" não era uma Loja Maçônica. No século XVIII existiam centenas de instituições criadas aos moldes da Maçonaria, usando símbolos iguais e similares, e até dividindo os graus em Aprendiz, Companheiro e Mestre. Era uma verdadeira "coqueluche" de ordens, clubes e associações, e era muito comum os homens livres serem membros de duas ou mais dessas diferentes instituições, até mesmo no Brasil. Um exemplo disso é o "Apostolado", da qual José Bonifácio, Gonçalves Ledo e D. Pedro I também faziam parte. Ser inspirada na Maçonaria não é o mesmo do que ser Loja Maçônica.

Em 1809, atendendo às inúmeras Lojas que já existiam, foi fundado em Salvador o Governo Supremo ou simplesmente Grande Oriente, a Primeira obediência maçônica Brasileira. Não era um Grande Oriente da Bahia, como os poucos historiadores maçons que o citam costumam se referir, pois era composto de, pelo menos, nove Lojas: três na Bahia, quatro em Pernambuco e duas no Rio de Janeiro. Maçons portugueses e brasileiros, muitos deles iniciados na França e Portugal, eram membros dessas Lojas. Tudo isso seis anos antes da fundação da Comércio e Artes e 13 anos antes do GOB. Pernambuco, por contar com maior número de Lojas, ganhou em 1816 uma Grande Loja Provincial filiada ao Governo Supremo.

Interessante observar que mais uma vez a Maçonaria se fez presente na história: um dos responsáveis pela formação do Governo Supremo e tido como primeiro Grão-Mestre da Grande Loja Provincial de Pernambuco, Antônio Carlos de Andrada, foi o líder da Revolução Pernambucana, em 1817. Prova maior do papel decisório da Maçonaria no movimento é a lei régia de 1818 proibindo sociedades secretas no Brasil.

Antes que alguém tente justificar a constante omissão de tais fatos nas versões oficiais da Maçonaria brasileira por conta dessas Lojas e obediência não terem sido regulares, é importante observar que a Loja União, fundada em 1800 no Rio de Janeiro e sempre presente nas versões históricas, também era irregular. Somente após a adesão de algumas autoridades públicas, ela foi refundada, aparentemente de forma regular, e teve seu nome modificado para Loja Reunião. Até mesmo a histórica Loja Comércio e Artes foi fundada sem Carta Constitutiva em 1815 e trabalhou de forma irregular até 1818, quando foi fechada. Somente quando de seu reerguimento, em 1821, a Comércio e Artes se filiou ao Grande Oriente Lusitano.

Isso só nos mostra que a história da Maçonaria no Brasil é, muitas vezes, contada conforme a conveniência, omitindo os verdadeiros pioneiros em favor dos sobreviventes, ou lembrando deles quando se quer apontar a Maçonaria como protagonista das conjurações. Também é no mínimo intrigante como a Maçonaria esteve presente nos movimentos revolucionários baiano e pernambucano, mas tantos historiadores maçons e não maçons fazem questão de negar sua participação na Inconfidência Mineira. Mas isso é tema pra outra ocasião.

O importante é reforçar que, antes de fundada uma Loja situacionista, a qual originou a obediência que promoveu a independência sob a manutenção do imperialismo no Brasil, houve várias outras Lojas e até obediências oposicionistas, e muitos de seus membros morreram ou sofreram duras penas defendendo os princípios maçônicos de liberdade e democracia. E a Maçonaria brasileira de hoje tem o dever moral de honrar essa história.

A Maçonaria e a Independência do Brasil (1822)

Muito se tem escrito no meio maçônico sobre o papel da Maçonaria na Independência do Brasil. Algumas das informações propagadas ao longo dos anos devem ser vistas com olhar crítico e questionador.

O ponto mais questionado na literatura maçônica brasileira sobre o papel da Maçonaria na Independência do Brasil está relacionado ao Dia do Maçom, 20 de agosto. Essa data entrou para o calendário oficial brasileiro como o Dia do Maçom por conta de proposta apresentada em 1957 na CMSB (Confederação da Maçonaria Simbólica do Brasil), que congrega as 27 Grandes Lojas Estaduais brasileiras, proposta que foi posteriormente apresentada e aprovada no Congresso Nacional e promulgada pelo Presidente da República. Na época, vários municípios e estados já possuíam lei similar, e a Maçonaria brasileira em geral já comemorava seu dia em tal data.

A razão de a Maçonaria ter escolhido o dia 20 de agosto é por conta de Ata de reunião do então Grande Oriente Brazílico, datada do 20° dia do 6° Mês da Verdadeira Luz. Nessa reunião, presidida por Gonçalves Ledo, os maçons presentes teriam aprovado a Independência do Brasil, sobre a qual Dom Pedro seria informado e deveria aderir, tornando-se Imperador, ou voltar para Portugal.

Porém, José Castellani defendeu em suas obras *Os Maçons na Independência do Brasil* e *Do Pó dos Arquivos* que o 20° dia do 6° mês da Verdadeira Luz não foi dia 20 de agosto de 1822, erro esse atribuído ao Barão do Rio Branco. Castellani indica como data correta o dia 9 de setembro, ou seja, posterior ao Grito de Independência. Isso coloca a Maçonaria não como partícipe do movimento, mas como instituição vidente de algo já ocorrido, ou seja, atrasada, para não dizer retrógrada.

Fato é que em 1822 houve uma reunião maçônica, presidida por Gonçalves Ledo, na qual a Maçonaria posicionou-se a favor da Independência do Brasil. Qual foi o dia dessa reunião? Teria sido antes de 7 de setembro, e esse ato teria influenciado indiretamente ou diretamente D. Pedro? Ou teria sido depois de 7 de setembro, e esse ato atrasado não teve qualquer participação na história de nossa independência? A Ata dessa reunião histórica apenas informa que foi no 20º dia do 6º mês do ano de 5.882.

Para desvendar esse mistério, faz-se necessário compreender os calendários maçônicos adotados na época.

Um arcebispo anglicano irlandês, James Ussher, realizou uma série de cálculos no século XVII e determinou que, conforme a Bíblia, o mundo teve origem no ano de 4.004 a.C. Seu cálculo dava até hora e data. Quase cem anos depois, James Anderson, acreditando que a Maçonaria deveria marcar os dias de forma própria, diferente dos calendários adotados e ligados a religiões, criou o primeiro Calendário

Maçônico. O Calendário de Anderson arredondava a criação do mundo para 4.000 a.C., então o ano maçônico passava a ser a soma do ano comum e 4.000 e era chamado de *Anno Lucis*.

No caso da França, pioneira da Maçonaria latina, adotou-se o sistema de anos de Anderson, com certo *plus*. O primeiro dia do ano foi tido como 1º de março e os meses passaram a ser contados pelo número ordinal. Assim, o dia 24 de junho de 1717 na Maçonaria passava a ser 24º dia do 4º mês de 5.717 da Verdadeira Luz. A Maçonaria francesa serviu de modelo quando do surgimento da Maçonaria em Portugal e no Brasil, as quais herdaram dela o nome Grande Oriente, além dos ritos, modelo de constituição e outras características. Considerando o calendário maçônico francês, o 20º dia do 6º mês de 5.882 é exatamente o dia 20 de agosto de 1882. Nesse caso, a CMSB estava certa.

Mas na França também houve um costume de muitos Altos Corpos e até Lojas Simbólicas manterem o acréscimo de 4.000 no ano, sugerido por Anderson, mas usarem os dias e meses conforme o calendário judaico. Isso se deveu à influência da cultura judaica nos rituais e ritos maçônicos, além da relevante presença de judeus na Maçonaria. Tal costume pode ser visto até hoje em muitas obediências, em que o calendário judaico, inclusive com o uso dos nomes dos meses em hebraico (*Nissan, Elul* etc), é usado em certificados. Considerando esse calendário judaico-maçônico, o 20º dia do 6º mês de 5882 (ano maçônico) é exatamente o dia 6 de setembro de 1882.

E há também o chamado no Brasil de Calendário Maçônico Gregoriano, defendido por Castellani como o sistema utilizado nas primeiras atas maçônicas brasileiras, que fixa o Equinócio Vernal no dia 21 de março, o qual passa a ser o 1º dia do ano. Considerando esse calendário, o 20º dia do 6º mês de 5882 é exatamente o dia 9 de setembro de 1882.

A teoria do 9 de setembro, defendida por Castellani, esbarra em algumas questões. O calendário com início em 21 de março é tido como um calendário historicamente adotado pelo Rito Adonhiramita, rito esse no qual a Loja Comércio e Artes teria trabalhado inicialmente e, por isso, defendido por Castellani. Porém, ao que tudo indica, em 1822 as três Lojas fundadoras do Grande Oriente do Brasil já trabalhavam no Rito Moderno, oficial no Grande Oriente da França e no Grande Oriente Lusitano, como o próprio Castellani evidenciou em sua obra *Fragmentos da Pedra Bruta*. Há então certa contradição. Outro ponto interessante é que o Calendário com início em 21 de março foi abolido pelo Grande Oriente da França ainda em 12/10/1774, o que leva à conclusão de que o Grande Oriente Lusitano nunca chegou a adotá-lo. Se em 1822 nem a França nem Portugal o utilizavam, o qual estava em desuso desde 1774, por que o Brasil o teria usado?

Considerando o formato utilizado ao datar a Ata da referida reunião, a conclusão é de que se tratou do calendário maçônico usual da época nos países latinos, ou seja, a reunião ocorreu no dia 20 de agosto de 1882, com tempo de sobra para que a notícia tenha corrido entre os líderes populares e intelectuais da época, a ponto de provavelmente influenciar José Bonifácio e D. Leopoldina no teor de suas cartas, que alcançaram D. Pedro no dia 7 de setembro de 1882, motivando-o a bradar o histórico Grito de Independência.

Trata-se de mais um fato que a Maçonaria imprimiu na história e que corrobora ainda mais com o espírito de vanguarda que sempre reinou em suas fileiras.

Referências Bibliográficas

BRESLAUER, Alfred F. *The Master's Handbook*. 10ª edição. Grand Lodge F&AM of California, 1984.

COIL, Henry W. *Coil's Masonic Encyclopedia*. Richmond: Macoy, 1996.

COOPER, Robert L. D. *Revelando o Código da Maçonaria*. São Paulo: Madras, 2009.

DYER, Colin. *O Simbolismo na Maçonaria*. São Paulo: Madras, 2006.

EYER, Shawn (Editor). AHIMAN – *A Review of Masonic Culture & Tradition*. Plumbstone, 2009.

GOULD, Robert F. *A Library of Freemasonry*. Philadelphia: The John C. Yorston Publishing, 1906.

HENDERSON, Kent; POPE, Tony. *Maçonaria Universal: Um novo Guia para o Mundo Maçônico – As Américas*. São Paulo: Madras, 2001.

JUDSON, L. Carroll. *The Masonic Advocate*. Philadelphia: Publicado pelo autor. 1859.

KINNEY, Jay. *O Mito Maçônico*. Rio de Janeiro: Record, 2010.

MACKEY, Albert G. *A Lexicon of Freemasonry*. Philadelphia: Moss & CO, 1869.

MACKEY, Albert G. *An Encyclopedia of Freemasonry*. Edição Revisada. New York: The Masonic History Company, 1914.

MACKEY, Albert G. *O Simbolismo da Maçonaria – Volumes I e II*. São Paulo: Universo dos Livros, 2008.

MACKEY, Albert G. *Os Princípios das Leis Maçônicas – Volumes I e II*. São Paulo: Universo dos Livros, 2009.

MACKEY, Albert G. *The Mystic Tie*. New York: Masonic Publishing and Manufacturing, 1867.

MOREL, Marco; SOUZA, Françoise Jean de. *O Poder da Maçonaria – A História de uma Sociedade Secreta no Brasil*. Rio de Janeiro: Nova Fronteira, 2008.

OLIVER, George. *A Dictionary of Symbolical Masonry*. Londres: Richard Spencer, 1853.

OLIVER, George. *History of Masonic Persecutions*. New York: Masonic Publishing and Manufacturing, 1867.

OLIVER, George. *Signs and Symbols*. Londres: Sherwood, Gilbert, and Piper, 1837.

OLIVER, George. *The History of Initiation*. New York: Jno. W. Leonard: 1855.

PIKE, Albert. *Masonic Origines*. 2ª edição. DC: Supreme Council of the 33d Degree for the Southern Jurisdiction of the United States, 1887.

PIKE, Albert. *Morals and Dogma*. Charleston: L. H. Jenkins, 1913.

PRESTON, William. *Illustrations of Masonry*. New York: Masonic Publishing and Manufacturing, 1867.

RIBEIRO, João Guilherme C. *Os Fios da Meada*. Rio de Janeiro: Infyarte, 2007.

STAVISH, Mark. *As Origens Ocultas da Maçonaria*. São Paulo: Pensamento, 2011.

TUCKER, Prentiss. *The Lost Key* – An Explanation of Masonic Symbols. Washington: Harry M. Welliver, 1927.

WEBB, Thomas S. *The Freemason's Monitor or Illustrations of Masonry*. Salem: Cushing and Appleton, 1818.

Sobre o Autor

Kennyo Ismail é Mestre Instalado, foi Venerável Mestre da Loja Maçônica "Flor de Lótus Nº 38", filiada à Grande Loja Maçônica do Distrito Federal; é Sumo Sacerdote do Capítulo "Fredericksburg" de Maçons do Real Arco, filiado ao Supremo Grande Capítulo de Maçons do Real Arco do Brasil. Super Excelente Mestre da Maçonaria Críptica e Cavaleiro Templário do Rito de York. No Rito Escocês, é membro filiado ao Supremo Conselho do Grau 33 do Rito Escocês Antigo e Aceito da Maçonaria para a República Federativa do Brasil.

Membro-correspondente das Lojas norte-americanas: *American Lodge of Research*, *Missouri Lodge of Research* e *Southern California Research Lodge.*

Membro das Instituições Maçônicas: *Phylalethes Society*, *Shriners International* e *Societas Rosicruciana in Civitatibus Foederatis* .

Palestrante conhecido no meio maçônico, Kennyo Ismail é autor de diversos artigos publicados em dezenas de revistas e sites maçônicos no Brasil, EUA, Inglaterra e outros países, além de ser autor do blog maçônico "No Esquadro", com mais de 200 artigos publicados e dezenas de milhares de leitores fiéis.